문학과 영화로 만나는 아프가니스탄

문학과 영화로 만나는 **아프가니스탄**

초판 인쇄 · 2023년 10월 12일
초판 발행 · 2023년 10월 22일

지은이 · 박일환
펴낸이 · 한봉숙
펴낸곳 · 푸른사상사

주간 · 맹문재 | 편집 · 지순이 | 교정 · 김수란, 노현정
등록 · 1999년 7월 8일 제2-2876호
주소 · 경기도 파주시 회동길 337-16(서패동 470-6)
대표전화 · 031) 955-9111(2) | 팩시밀리 · 031) 955-9114
이메일 · prun21c@hanmail.net / prunsasang@naver.com
홈페이지 · http://www.prun21c.com

ⓒ 박일환, 2023

ISBN 979-11-308-2093-4   03910

값 24,000원

이 도서는 한국출판문화산업진흥원의 '2023년 중소출판사 출판콘텐츠 창작 지원
사업'의 일환으로 국민체육진흥기금을 지원받아 제작되었습니다.

교·양·총·서 19

문학과 영화로 만나는

아프가니스탄

박일환

2023년
한국출판문화산업진흥원
출판콘텐츠
창작지원사업
선정도서

푸른사상
PRUNSASANG

아프가니스탄에서 미군이 철수한다는 발표를 하고 얼마 안 돼 탈레반이 카불에 입성했다. 미군이 탈레반을 몰아내고 주둔한 지 20년 만이다. 급박한 순간에 나라를 지켜야 할 대통령은 국외로 탈출하고 카불 공항은 아프가니스탄을 빠져나가려는 사람들로 아수라장이 되고 말았다. 버스나 기차 지붕 위로 사람들이 기어오르는 장면은 많이 봤지만 비행기 동체와 날개에 매달리는 사람들은 처음 봤다. 급기야 비행기에 매달려 가던 사람들이 떨어져 사망했다는 기사를 접하면서 공포와 참혹함이라는 낱말을 동시에 떠올렸다.

페이스북에서 조향미 시인이 〈파르바나−아프가니스탄의 눈물〉이라는 애니메이션을 지금의 상황에 꼭 맞는 영화라며 소개한 걸 접하고 바로 찾아서 봤다. 얼마 지나지 않아 이번에는 변홍철 시인이 아프가니스탄 출신 소설가 아티크 라히미의 『흙과 재』를 소개하는 글을 올렸다. 오래전에 읽었던 소설인데, 새삼 반가운 마음이 들었다. 그러면서 아프가니스탄을 다룬 영화와 문학작품들을 모두 찾아서 봐야겠다고 생각했다. 아프가니스탄 사태에 대해 안타까워하는 마음은 있었지만 그런 마음을 가진다는 것만으로 내 양심을 무마하고 위안 삼기에는 왠지 미안한 마음이 들었다고나 할까? 왜 그런 비극이 발생했으며, 무엇이 진짜 문제인지 찾아보면서 공부하는 것이 최소한의 도리라는 생각도 들었다. 잘 알지도 못하거나 알려고 하지도 않으면서 겉으로만 관심 있는 척하는 게 못내 마음에 걸린 탓이다. 그래서 시작한 탐색의 출발점을 두 분의 페이스북 글이 제공한 셈이다.

아프가니스탄을 다룬 영화와 다큐멘터리는 생각보다 많았지만 OTT(온라인 동영상 스트리밍 서비스)를 통해 국내에서 감상할 수 있는 작품 편수는 몇 편 되지 않았다. 서양 사람들이 만든 영화는 대체로 전쟁을 소재로 삼아 관객의 흥미를 끌기 위한 의도로 제작했거나 전쟁에 참여한 자국 병사들의 희생과 영웅 정신을 강조한 작품들이었다. 그런 한계를 감안하면서 유심히 들여다보면 아프가니스탄이 처한 상황과 현실을 이해하는 데 도움이 되는 장면들도 발견할 수 있긴 하다. 그런 영화들보다 내 머리와 가슴을 치고 들어온 건 아프가니스탄에서 나고 자란 세디그 바르막 감독의 영화와 이란의 모흐센 마흐말바프 가족들이 만든 영화였다. 세디그 바르막은 아프가니스탄이 조국이니 그렇다 해도 모흐센 마흐말바프 감독 가족이 아프가니스탄에 대해 보여준 관심과 헌신은 사뭇 감동적으로 마음에 와 꽂혔다. 모흐센 마흐말바프와 그의 아내, 두 딸이 아프가니스탄을 다룬 영화들을 보면 이웃 나라에 대한 호기심이나 소재주의의 틀을 벗어나 진심을 다해 그들 곁으로 다가가 생생한 현실을 담아내려 애쓴 마음이 잘 드러난다. 꽤 여러 편이 부산국제영화제 등에 초대받아 상영되었으나 지금은 영상을 구하기 힘들어 모두 찾아보지는 못했다. 나중에라도 접할 수 있는 기회가 생기면 좋겠다는 바람을 가지고 있다.

소설은 영화에 비해 한층 풍부한 내용들을 담고 있다. 영상미가 주는 압도적인 느낌을 따라갈 수는 없지만 소설만이 가진 특장이 있어 아프가니스탄 사람들의 삶을 이해할 수 있도록 이끄는 힘은 훨씬 세밀하면서 강력하다. 특히 아프가니스탄 출신 소설가(지금은 비록 난민으로 서양에 거주하고 있지만) 아티크 라히미와 할레드 호세이니의 작품들은 세계문학사의 한 축을 담당하기에 부족함이 없어 보인다. 내용의 곡진함은 물론 작품을 구성하고 끌어가는 솜씨도 탁월하다. 아프가니스탄에서는 오랜 시의 전통이 있었던 반면 소설 쪽은 이렇다 할 만한 창작과 향유의 역사가 없었다. 아프가니스탄 현지에서 창작 활동을 하는 소설가가 없는 건 아니다. 하지만 그들의 작품이 번역되어 국내에 소개된 적은 없다. '2016서울국제작가축제'가 열렸을 때 아프가니스탄 소설가 모히브 제감이 초청받아 참가했으나 그의 소설 일부를 낭독했을 뿐 작품 세계를 제대로 접할 기회는 없었다. 언어의 문제도 있겠지만 무엇보다 변방 국가들의 문학에 대한 우리들의 관심도가 약한 탓이다. 이건 현대시 쪽도 마찬가지여서 아프가니스탄 현대 시인들의 시가 국내에 소개된 건 불과 몇 편에 지나지 않는다. 그런 취약점을 다큐멘터리와 르포 형식의 작품들이 일부 채워주고 있긴 해도, 외부자가 아닌 아프가니스탄 작가들이 직접 쓴 글들을 많이 만나고 싶다.

　맨 앞에 아프가니스탄의 현대사를 간략하게 정리해서 실었다. 일단 현대사의 흐름을 알아야 지금 이 순간 아프가니스탄 사람들이 겪는 비극이 언제 어디서부터 비롯했는지 알 수 있을 것 같아서다. 책에서 다룬 문학작품과 영화들은 비평적인 차원의 접근보다는 내용 소개를 충실히 하는 쪽으로 방향을 잡았다. 내가 평론가가 아니기 때문이기도 하지만 상세한 소개를 통해 독자들이 아프가니스탄의 현실과 그들의 고통에 조금 더 가까이 다가갈 수 있도록 하는 게 좋겠다고 판단했다. 건조한 역사서보다 영화와 문학작품이 오히려 아프가니스탄 사람들이 겪어야 했고, 힘겹게 헤쳐온 비극적인 삶에 대해 더 가까이 다가갈 수 있도록 도와주었다.

　우리가 왜 아프가니스탄이라는 나라를 궁금하게 여기며 알려고 애써야 할까? 그건 아프가니스탄이 지난 수십 년간 이어진 전쟁으로 수백만 명이 죽고, 그보다 훨씬 많은 난민이 발생했으며, 지금 이 시간에도 인간의 존엄이 가장 위협받고 있는 곳이기 때문이라고 대답하고 싶다. 인류애까지 거론하지는 않더라도 타자의 고통에 공감하는 것, 그게 인간이 인간으로 존재하기 위한 전제 조건이 되어야 하지 않을까? 우리가 지금 당장 그들을 구원하거나 도와줄 수 있는 뚜렷한 방안을 내올 수는 없더라도 수천 킬로 수만 킬로 떨어진 먼 나라에서도 당신들을 지켜보고 있는 누군가가 있다는 걸 알려줄 필요가 있지 않을까? 그런 마음들을 간직하고 나누려는 노력들이 작지만 소중한 평화의 씨앗을 뿌리는 일과 통한다고 생각한다.

아프가니스탄 땅에 하루빨리 평화가 깃들기를 바란다. 많은 시간이 필요할 것으로 보이지만 위대한 역사와 문화를 가진 민족답게 그들 스스로의 힘으로 반드시 그런 날을 만들어낼 수 있을 것으로 믿는다.

책이 나오기까지 오랜 시간이 걸렸다. 원고는 진작 완성했지만 마땅한 출판사를 찾는 일이 쉽지 않았다. 우여곡절 끝에 출간을 약속한 출판사를 만났으나 갑작스레 출판사 내부에 피치 못할 사정이 생기는 바람에 원고를 돌려받기도 했다. 덕분에 원고를 보완하고 다듬는 시간을 더 가질 수 있었던 걸 위안으로 삼을 수밖에 없었다. 그렇게 여러 어려움을 겪으며 떠돌던 원고를 푸른사상사에서 흔쾌한 마음으로 받아주었다. 무사히 책이 나오도록 애써준 출판사와 인쇄소, 제본소 관계자 모두에게 머리 숙여 고마운 마음을 전한다.

2023년 9월
박일환

차례

1

간략한 아프가니스탄 현대사

간략한 아프가니스탄 현대사

아프가니스탄은 오래전 마케도니아의 알렉산드로스 3세에게, 그후에는 몽골에게 점령당한 역사가 있다. 늘 제국의 침략을 받아왔고 그러면서도 완전히 지배당하지는 않았던 아프가니스탄이 이란과 함께 페르시아 제국에 묶여 있다 따로 독립국가를 이룬 건 18세기 중반 무렵이다. 그 이후 아프가니스탄을 식민지로 삼으려는 영국과 세 차례에 걸쳐 큰 전쟁을 치렀고 한때 영국의 보호령이 되었다. 그러다 1919년에 보호령에서 벗어나 온전한 독립을 이루었다.

독립 당시 아프가니스탄은 왕조 체제였고 국왕은 아마눌라 칸이었다. 아마눌라는 조혼과 일부다처제 폐지 및 여성 교육을 실시하는 등 적극적인 개혁정책을 펼쳤다. 1923년에는 헌법을 제정해서 근대적인 입법과 사법 체계를 갖추고 조세제도와 교육제도를 정비했다. 하지만 급격한 개혁정책은 보수 이슬람주의자들의 반발을 불러일으켰고, 아마눌라는 1929년에 권좌에서 쫓겨나 유럽으로 망명했다. 이후 나디르 샤를 거쳐 1933년에 왕위에 오른 자히르 샤가 약 40년간 통치하던 시절에 아프가니스탄은 점진적인 개혁을 통해 완만한 발전을 이루어냈다. 자히르 샤가 청소년 시절에 프랑스 유학을 한 경험이 큰 도움을 주었다. 1964년에는 자유선거와 의회제도를 도입해 입헌군주제로 전환했으며, 1973년에 실각할 때까지 가장 평온하고 안정된 국가를 이끌었다. 왕위를 빼앗기고 해외로 떠돌다 미국이 탈레반을 축출한 이후인 2002년에야 고국으로 돌아왔는데, 국민들의 지지와 존경심이 그때까지 남아 있어 그를 다시 왕으로 추대하자는 왕정복고 운동이 일어날 정도였다. 반면에 일부 사람들은 자히르 샤가 너무 온건해서 보수주의자들의 눈치를 보느라 제대로 된 정책을 펼치지 못했다는 비판을 가하기도 했다.

1973년 자히르가 질병 치료를 위해 이탈리아에 가 있는 사이 그의 사촌인 다우드 칸이 쿠데타를 일으킨 다음 공화국 체제를 선포하고 대통령이 되었다. 다우드 칸은 사회주의 성향이 강한 친소주의자였다. 왕조 체제를 버린 건 그런 정치 이념에 따른 것이다. 나름대로 개혁정책을 펼치고자 했으나 그의 시대는 오래가지 못했고, 1978년에 공산주의 정당인 인민민주당을 지지하는 군부 세력이 다시 쿠데타를 일으켜 다우드 칸을 살해했다. 다우드 칸이 처음 쿠데타를 일으킬 당시 인민민주당의 도움을 받았음에도 집권 이후 인민민주당을 탄압한 게 뼈아픈 실책으로 작용했다. 결과적으로 아프가니스탄 현대사의 불행은 다우드 칸으로부터 시작했다고 해도 과언이 아니다. 쿠데타가 아닌 형태로 자연스럽고 점진적인 과정을 통해 권력이 이동하도록 해야 했으나 사회주의자였던 다우드 칸의 성급한 욕망이 아프가니스탄을 혼란의 소용돌이로 끌고 들어갔다.

다우드 칸을 몰아낸 쿠데타 세력은 인민민주당의 지도자 누르 타라키를 대통령으로 세웠고, 타라키는 국유화와 사유재산 금지 등 소련식 사회주의 제도를 밀어붙였다. 하지만 이런 급격한 정책은 국민들의 지지를 얻지 못했다. 특히 종교를 부정하며 이슬람을 탄압하기 시작하면서 국민들의 저항은 극렬해졌고 무자혜딘(성전에 임하는 전사들)이 탄생하는 계기가 되었다. 이로 인해 정부 안에서 타라키의 지도력에 대한 불신이 생기면서 1979년에 하피줄라 아민이 타라키를 암살하고 대통령 자리에 올랐다. 아민은 공산주의 정책에 반대하는 세력에 대한 탄압을 강화하며 독재정치를 펼치는 동시에 무자혜딘을 소탕하기 위한 내전을 이어갔다. 아민은 국가의 지도자로서 갖추어야 할 자질이 부족했다. 공산주의 사상을 전파하겠다고 모든 집의 지붕을 붉은색으로 칠하라는 명령을 내리는 상식 밖의 통치 행위까지 할 정도였다.

무자혜딘과의 내전이 걷잡을 수 없이 확대되자 소련이 내전을 종식시키고 공산 정권을 지원하겠다며 1979년 12월에 군대를 이끌고 아프가니스탄으로 침공해 왔다. 소련군은 아민을 처형하고 카르말을 새로운 대통령으로 내세웠다. 그리고 이때부터 무자혜딘과 정부군을 지원하는 소련군 사이에 치열한 전쟁이 1989년까지 이어졌다. 서양의 무기와 자금을 지원받은 무자혜딘의 저항이 생각보다 강력해지면서 위기의식을 느낀 카르말은 1987년에 소련으로 망명했고,

이어서 나지불라가 아프가니스탄의 대통령이 되었다. 나지불라는 국민들의 반감을 줄이기 위해 그동안 시행하던 사회주의 정책을 완화하는 등 유화책을 쓰며 무자헤딘에게 화해의 손길을 내밀었다. 하지만 무자헤딘은 나지불라의 협상책을 거부했고, 소련군마저 아프가니스탄과의 오랜 전쟁에 지쳐 1989년에 철수해버렸다. 철수하면서도 공산 정권이 무너지는 건 원치 않았기에 나지불라 정부에 대한 지원은 계속하기로 약속했다. 이로 인해 내전이 몇 년간 더 이어지는 결과를 가져왔다. 나지불라가 소련의 지원을 믿고 권력을 포기하려 들지 않았기 때문이다. 결국 1992년이 되어서야 무자헤딘이 카불에 입성할 수 있었다. 1991년에 소련연방이 해체되면서 나지불라 정권에 대한 지원을 끊어버렸기 때문이다.

카불을 점령한 무자헤딘 세력은 새로운 정부를 세우고 라바니를 대통령으로 삼았다. 아프가니스탄 안에는 여러 부족들이 있었는데, 그중에서 파슈툰족이 인구가 가장 많은 데다 세력도 강했다. 그다음에는 타지크족과 우즈벡족, 하자라족 등이 주요 부족을 이루고 있었다. 라바니는 타지크족 출신이라 파슈툰족 출신들이 달가워하지 않았다. 파슈툰족인 굴부딘 헤크마티아르가 라바니에게 반기를 들었다. 라바니는 같은 타지크족인 마수드에게 국방장관을 맡겼는데, 마수드는 판지시르 계곡에서 막강 소련군을 여러 차례 물리친 전공으로 아프가니스탄에서 영웅 대접을 받고 있는 인물이었다. 다시 시작된 내전에서 정부를 지키려는 라바니와 마수드, 그리고 권력을 차지하려는 헤크마티아르 측이 카불을 사이에 두고 강력하게 맞붙었으며, 그 외에 다른 부족의 군벌들은 이해관계에 따라 마수드 편에 서기도 하고 헤크마티아르 편에 서기도 했다. 아프가니스탄의 내전이 복잡하게 전개된 건 아프가니스탄 안에 있는 여러 부족의 군벌들이 국가 의식보다는 부족 의식을 더 강하게 지니고 있어 국가보다 자기 부족의 이익을 먼저 생각했기 때문이다. 특별한 이념 대신 오로지 이득이 되는 쪽으로만 움직이다 보니 군벌 간에 다양한 형태의 합종연횡과 배신이 이어지곤 했다. 그렇게 내전이 격화하는 동안 카불은 폐허가 되다시피 했다. 소련군과의 전쟁 때보다 오히려 이 당시의 내전이 더욱 참혹한 결과를 가져왔다.

내전이 지속되는 동안 남부의 칸다하르 지역에서 조용히 세를 키워간 조직이 있었다. 탈레반! 내전 기간 내내 아프가니스탄 국민들의 삶은 망가질 대로 망가졌고, 어서 빨리 전쟁이 끝나 평온한 삶을 살 수 있기를 바랐다. 탈레반은 본래 이슬람 교리를 가르치는 학교의 학생들이라는 뜻을 가진 말인데, 나중에 이들을 이슬람 전사로 무장시켜 만든 조직을 가리키는 말로 변했다. 탈레반은 모하마드 오마르가 주도해서 1994년에 만든 것으로 알려져 있으며, 파슈툰족 이슬람 근본주의자들이 중심을 이루고 있다. 오랜 전쟁은 수많은 고아들을 만들었다. 오마르는 곳곳에 학교를 세워 그런 고아들을 데려다 이슬람 원리주의를 가르치면서 탈레반 전사로 키웠으며, 파키스탄과 미국, 사우디아라비아 등이 뒤에서 이들을 후원했다. 탈레반은 야금야금 지역을 넓혀가며 마을마다 자경단을 만들어 치안을 안정시키는 역할을 통해 민심을 얻을 수 있었고, 국민들에게 내전을 종식시키겠다는 약속을 했다. 그렇게 해서 탈레반은 평화를 바라는 아프가니스탄 국민들의 마음속으로 단기간에 파고들 수 있었다.

세력을 키운 탈레반이 1996년 9월에 카불을 점령하자 마수드는 군대를 이끌고 북쪽으로 후퇴했으며, 이후 북부동맹을 만들어 탈레반에 저항하는 거점을 형성했다. 우즈벡족의 도스툼도 북부동맹에 합류했으나 마수드와 싸우던 헤크마티아르는 탈레반에 투항했다. 마수드의 북부동맹은 탈레반에게 무척 위협적이었으며, 한때는 마수드의 군대가 카불 근처까지 진격할 정도였다. 위기감을 느낀 탈레반은 마수드를 암살하기로 하고, 2001년 9월 9일 외신기자를 가장한 알 카에다 소속 조직원을 침투시켜 마이크에 장착한 폭탄으로 마수드를 폭사시켰다. 미국의 무역센터를 폭파한 9 · 11테러가 일어나기 직전이었다. 마수드는 자히르 샤와 함께 지금도 아프가니스탄 사람들에게 가장 존경받는 사람이다. 만일 마수드가 죽지 않았다면 탈레반 이후 아프가니스탄을 재건할 수 있는 유일한 인물이었을 거라고 말하는 사람이 많다. 미국이 마수드를 선택하지 않고 탈레반을 세운 오마르와 알 카에다를 만든 오사마 빈 라덴을 뒤에서 후원했던 게 얼마나 큰 실책이었는지는 이후에 벌어진 사건들에서 그대로 증명되었다.

탈레반은 1996년부터 2001년에 미국에 의해 축출될 때까지 아프가니스탄을 통치했다. 전 국토를 장악한 건 아니고 마수드의 북부동맹이 관할하는 지역은 건드리지 못했다. 그건 탈레반이 다시 집권한 지금도 마찬가지다. 여전히 내전이 이어지고 있는 셈이다.

탈레반이 통치하는 동안 여성의 인권이 급격히 후퇴했다는 건 잘 알려진 사실이고, 거기에 더해 이슬람이 아닌 우상들을 없앤다며 박물관과 옛 유물들을 대거 파괴해서 국제사회의 비난을 받았다. 그뿐만 아니라 권선징악부를 만들어 일종의 종교경찰 역할을 하도록 했는데, 이들은 거리에서 복장 단속 등을 하며 채찍이나 몽둥이를 마구 휘둘렀고, 영화를 보거나 음악을 감상하는 것도 못 하게 막으면서 CD나 노래 테이프를 거리에 쌓아놓고 불을 질렀다. 문화와 예술을 말살시키는 건 물론 텔레비전이나 라디오 방송도 종교와 관련되거나 정부가 발표한 내용으로만 채웠다.

탈레반 통치기에 가장 탄압을 받았던 건 하자라족이다. 하자라족은 몽골계라 외모부터 파슈툰족과 큰 차이가 났으며, 그로 인해 쉽게 구분이 된다. 탈레반은 모든 성인 남자들에게 수염을 기르도록 했는데 체질상 수염이 많이 나지 않는 하자라족 남성들이 고초를 많이 당했다. 더구나 파슈툰족은 이슬람 수니파에 속하는 반면 하자라족은 시아파였기 때문에 더욱 강한 탄압을 받으면서 자주 학살의 대상이 되었다.

2001년 알 카에다에 의한 미국의 무역센터 폭파 사건에 대한 보복으로 미국이 탈레반을 축출한 뒤 미군과 연합군이 지배하는 과도기를 거쳐 2004년부터 선거를 통해 하미드 카르자이를 대통령으로 하는 새로운 정부가 들어섰다. 하지만 산악지대로 피한 탈레반은 여전히 저항을 계속하고 있었으며, 아프가니스탄 정부의 통제력이 미치는 범위는 국토의 60%도 채 안 되었다. 불안한 상태의 내전이 계속

되면서 미군에 대한 반감도 커졌다. 본래 외국 세력에 대한 불신이 강한 민족인 데다 잦은 오폭과 그로 인한 민간인 사망자들이 발생하면서 반미를 외치는 사람들이 많아졌다. 결국 20년 만에 미군이 철수한 후 탈레반이 다시 카불을 점령하고 권력을 잡게 되었다.

카르자이 대통령 시절에 서구화 정책들을 펼치면서 아프가니스탄 사람들은 정치와 교육, 문화 방면에서 어느 정도 자유를 누릴 수 있었다. 의회가 부활하고, 여성 할당제를 통해 여성 국회의원들이 나오는가 하면 여성 장관과 주지사, 여성 시장들이 탄생했다. 하지만 부족 중심의 군벌들이 여전히 강한 힘을 지니고 있었고, 카르자이는 그런 세력들을 통제할 만한 지도력이 없었다. 그러다 보니 정권 안에서 일정한 지분을 갖고 있는 군벌과 관료들이 각기 자기 잇속을 챙기면서 부정부패가 만연했으며, 외부에서 들어온 원조금이 아프가니스탄 재건에 쓰이지 못하고 증발하는 일이 빈번했다. 기본 도로망조차 갖추지 못해 산악지대의 천연자원 개발은 엄두도 내지 못하는 데다, 산간 지역 사람들의 삶은 여전히 낙후한 채로 방치되었다. 아프가니스탄을 소개하는 사진들에서 보는 자유로운 카불 시내의 모습과 산간 지역 마을의 모습 사이에는 거의 백 년의 시차가 있다고 할 만큼 문화와 경제력의 차이가 심각했다.

카르자이는 재선에 성공하기는 했으나 대규모 부정선거가 있었다는 논란이 일 정도로 지지 기반이 취약했으며, 미국과의 관계도 원만하지 못했다. 그 후 2014년에 부정부패 척결을 공약으로 내건 아슈라프 가니가 대통령 자리에 올랐으며, 2019년 재선에서도 대통령

자리를 지켰다. 가니 대통령은 2018년에 탈레반 측에 평화협상을 제안했다. 이후 몇 차례에 걸쳐 협상이 진행되기는 했으나 미군 철수로 인해 무산되고, 2021년 탈레반의 카불 입성 직전 가니 대통령은 국외로 피신했다. 그리고 현재 마수드 장군의 아들 아흐마드 마수드 주니어가 중심이 되어 북부의 판지시르 지역에서 반탈레반 저항 세력들을 모아 국민저항전선을 만들어 대립하고 있는 중이다.

2

소련 점령기를 다룬 작품들

소련 점령기를 다룬 작품들

1979년 12월 25일 크리스마스를 기해 소련군은 아프가니스탄을 침공했고 곧바로 수도 카불을 점령했다. 반군 세력으로부터 친소 공산 정권이 무너지는 것을 막기 위해서였다. 아프가니스탄에서 친소 정권이 무너지면 결국 미국의 영향 아래 들어갈 것이고, 그렇게 되면 중동 지역으로 향하는 교두보를 잃게 될 것이라는 판단이 무모한 전쟁을 시작하도록 만들었다. 하지만 쉽게 끝낼 수 있을 줄 알았던 전쟁은 그 후 10년을 끌게 되고, 소련의 패퇴와 철수로 막을 내리게 된다. 소련의 대아프가니스탄 전쟁을 다룬 한 권의 책과 한 편의 영화를 소개한다.

전쟁이 개인에게 끼치는 고통 —『아연 소년들』

우크라이나에서 태어난 뒤 벨라루스로 건너가서 살았던 스베틀라나 알렉시예비치는『체르노빌의 목소리』,『전쟁은 여자의 얼굴을 하지 않았다』등의 르포 문학작품으로 2015년에 노벨문학상을 받았다. 기자 출신인 스베틀라나는 다양한 경험을 지닌 사람들을 만나 구술 청취를 받아 여러 권의 책을 펴냈으며,『아연 소년들』은 아프가니스탄 전쟁을 다루고 있다. 그전에『전쟁은 여자의 얼굴을 하지 않았다』에서 제2차 세계대전 당시 대독일전쟁에 참여했던 소련의 여성 병사들을 취재해서 책을 펴낸 적이 있는데, 당시 구술자들의 생생한 증언을 듣는 게 너무 고통스러워서 다시는 전쟁을 다룬 르포를 쓰고 싶지 않았다고 한다. 하지만 아프가니스탄을 침공한 전쟁에 대해 소련 당국과 언론이 전하는 거짓 선전에 맞서 진실을 전해야 한다는 사명감이 다시 펜을 들도록 만들었다. 아프가니스탄 전쟁에 참전했던 소련 병사들과 가족들을 인터뷰하기 시작했고, 1988년 9월에는 직접 아프가니스탄까지 다녀왔다. 그렇게 해서 나온『아연 소년들』은 아프가니스탄 전쟁의 기만성을 폭로하고 수많은 사람들의 육체와 정신에 남긴 전쟁의 상흔을 고발하는 책이다. 제목은 아프가니스탄 전장에서 죽은 병사들을 아연으로 만든 관에 담아서 소련으로 보냈다는 사실에서 가져왔다.

처음부터 끝까지 참혹한 증언으로 가득한 책을 읽는 건 상당한 인내와 고통을 수반한다. 책을 여는 프롤로그는 아프가니스탄 전쟁에 참여했다 돌아온 뒤 주방용 손도끼로 사람을 죽인 청년을 아들로 둔 어머니의 목소리로 시작한다. 청년은 왜 그런 끔찍한 일을 저질렀을까? 복무를 마치고 돌아온 아들은 집에 들어서면서 기쁜 표정을 짓지 않았으며, 전역을 축하하러 온 이웃집 소녀를 무릎에 앉히더니 하염없이 눈물을 흘렸다고 한다. 전쟁터에서 있었던 일에 대해 한마디도 하지 않던 아들이 딱 한 번 꺼낸 이야기는 배가 터진 채 후송되어 온 친구가 자기를 쏴달라고 부탁해서 총으로 쏘았다는 얘기였다. 청년은 저녁이 되면 멍하게 벽만 쳐다보기 시작했고, 정상적인 생활을 하지 못했다. 전쟁 전에 보던 아들과 완전히 다른 사람이 되어 돌아온 아들을 보며 어머니는 뒤늦은 후회를 해야 했다. 아들이 씩씩한 사내가 되기를 바랐던 어머니는 자신이 직접 아들을 군대에 보냈으며 복무기한도 연장시켰다. 전쟁이 아들을 망가뜨릴 것이라고는 전혀 생각하지 못했다.

정부는 아프가니스탄에 자국의 병사들을 보내면서 사회주의 이념에 따라 우방인 아프가니스탄을 돕기 위한 것이라며 타국에 대한 침공을 '국제 의무'라는 말로 포장했다. 그와 동시에 언론을 통해 소련군이 아프가니스탄 재건을 위해 애쓰는 장면들을 내보내며 청년들에게 조국의 부름에 응할 것을 독려했다. 청년이라고는 했지만 대부분 스무 살 전후의 나이로, 소년들이나 마찬가지였다.

> "나는 사람을 죽이러 아프가니스탄에 간 게 아니에요. 나도 평범한 보통 사람이었다고요. 폭도들이 출몰하고 있으니 우리가 가서 진압하면 영웅이 됨과 동시에 모두들 우리에게 고마워할 거라는 말을 세뇌가 되다시피 들었어요."

파견 전에 귀에 딱지가 앉도록 들어야 했던 말들이 실제와는 너무 거리가 멀다는 걸 아프가니스탄에 도착하는 즉시 알 수 있었다. 소련 정부는 자신들이 아프가니스탄 전쟁에서 결코 이길 수 없을 거라는 걸 알지 못했다. 소련은 아프가니스탄에 대해 너무 몰랐고, 병사들만 대규모로 투입하면 쉽게 이길 줄 알았다. 스스로 군사 강국이라고 믿었던 소련 군대는 그러나 낙후하기 짝이 없는 재래식 무기에 부족한 물자와 식량들로 인해 병사들을 고통 속으로 몰아넣었으며, 부상병들을 치료할 만한 약품도 제대로 갖추지 못했다. 더구나 자신들을 환영해줄 것으로 믿었던 아프가니스탄 사람들이 곳곳에서 적대적인 시선을 보내는 바람에 곤욕을 치러야 했다.

"차량을 타고 카불을 지나가면 여자들이 우리 탱크에 막대기며 돌멩이를 마구 집어던졌어요. 아이들은 아이들대로 정확한 러시아어로 욕설을 퍼부으며 소리를 질렀고요.
'러시아인은 집으로 돌아가라.'
우리는 무엇을 위해 거길 갔을까요?"

"우린 새로운 정권이 들어서서 농민들에게 토지를 분배해주면 다들 기쁘게 받을 줄 알았어요. 하지만 전혀 뜻밖에도… 농민들이 땅을 안 받는 거예요! 네가 누군데 우리에게 땅을 주느냐, 땅은 알라에게 속해 있다면서요. 알라가 다 알아서 주는 거라나요."

문학과 영화로 만나는 아프가니스탄

아프가니스탄에서는 반군과 민간인을 구분하기 힘들었다. 그만큼 아프가니스탄 사람들 대다수가 소련군에게 적대적이었으며, 민간인으로부터 불시에 공격받는 일들이 벌어지자 무자비하게 민간인을 학살하는 보복전을 펼치곤 했다. 그러다 보니 소련군에 대한 아프가니스탄 사람들의 적대감이 더 높아지는 악순환의 늪에서 빠져나올 길이 없었다. 더구나 아프가니스탄 사람들은 죽음을 두려워하지 않았다. 조국을 위해 죽으면 자신들이 따르는 알라 신의 뜻에 따라 천국에서 영원한 삶을 누릴 수 있다는 믿음이 강력했다. 그러니 무슨 수로 아프가니스탄 사람들과 싸워 이길 수 있겠는가. 아프가니스탄 사람들 전체를 죽이지 않는 한 불가능한 일이었다. "아프간 사람들은 죽음을 두려워하지 않았어요. 만약 사람이 죽음을 두려워하지 않는다면 뭐하러 죽이죠? 무슨 의미가 있나요?"라고 의문을 표시했던 소련 병사의 말이 그런 현실을 분명하게 보여주고 있다.

"한번은 아프가니스탄의 바그람 근교에서 마을에 들어가 먹을 것을 청했어요. 그곳의 관습법에 따르면, 배가 고파 제집에 찾아온 사람을 그냥 돌려보내면 안 되거든요. 따뜻한 레표시카로 손님을 대접해야 하죠. 여자들이 우리를 식탁에 불러 앉히더니 먹을 걸 내왔어요. 우리가 그 집을 떠나자 마을 사람들이 그 집 여자들과 아이들을 돌로 치고 몽둥이로 두들겨 팼어요. 숨이 끊어질 때까지요. 그 여인들은 자기들이 죽임을 당할 걸 알았지만 우리를 내쫓지 않았어요. 그런데 우리는 그들에게 우리의 법을 따르도록 강요했죠… 모자를 쓴 채 모스크에 들어가기도 했고요."

아프가니스탄 사람들은 이해하기 힘들 만큼 독특한 특성을 지닌 민족이다. 상대에 대해 제대로 아는 게 없는 상태에서 전쟁을 벌인 다는 건 무모한 일임을 자각했어야 한다. 전쟁은 무기만 가지고 되는 일이 아니기 때문이다. 위에 인용한 사례에 나오는, '그들에게 우리의 법을 따르도록 강요했'다는 말에서 이미 실패가 예견되어 있었다고 할 수 있다.

책에는 아프가니스탄 전쟁에 참전했다 돌아온 병사들의 분노와 절규가 곳곳에 넘쳐난다. 자신들은 남의 나라 땅에서 죽음을 넘나들다 왔고 심지어 다리가 잘리는 등 심각한 부상을 당한 경우도 많은데, 조국에 있던 사람들은 너무나 태평한 삶을 살고 있었고, 전쟁터에서 한몫 벌어 온 거 아니냐고 묻는 이들도 많았다. 그것보다 더 견디기 힘든 건 애초부터 잘못된 전쟁에 이용만 당한 거라는 냉소적인 시선과 마주칠 때였다. 더구나 정부에서는 제대로 된 보상도 해주지 않으면서 전쟁에 대해 부정적인 말을 꺼내지 못하도록 감시하고 억압했다. 전쟁터에서 사람을 죽였다는 죄책감에다 조국의 부름에 응했을 뿐인 자신들의 존재가 부정당하는 듯한 분위기를 견디지 못해 스스로 목숨을 끊는 퇴역 병사들도 많았다.

작가는 왜 이런 기록을 남겼을까? 스베틀라나는 "내가 필사적으로 매달리는 일은 늘 그렇듯 딱 한 가지다. 나는 (책에서 책으로 넘어다니며) 필사적으로 오직 한 가지 일에만 매달린다. 역사를 사람의 크기로 작게 만드는 일"이라고 했다. 전쟁이 옳으니 그르니 하는 차원을 넘어 전쟁이 한 사람 한 사람에게 끼친 고통을 들여다보며, 전쟁은 왜 죄악이며 다시는 되풀이되지 않아야 하는지 알리고 싶었을 것이다.

이 책 때문에 스베틀라나는 아프가니스탄 전쟁에 참여한 자국 병사들을 모욕했다는 이유로 법정에 서야 했다. 표면적으로는 책에 등장시킨 인물 중 두 명이 자신의 발언을 왜곡해서 명예를 훼손했다며 소송을 걸었으나 여러 정황상 정부 기관이 배후에서 개입한 게 분명했다. 법정에서 재판을 지켜보던 한 사람은 이렇게 말했다.

> "과거에서 교훈을 얻지 않으면 미래에 후회하게 돼요. 그리고 새로운 속임수와 새로운 피를 보게 될 거고요. 과거는 앞으로도 계속될 테니까요."

하지만 러시아는 여전히 과거에서 교훈을 얻지 못했으며, 참회도 하지 않았다. 그 결과가 바로 우크라이나 침공 아닌가. 우크라이나 병사들은 물론 러시아 병사들도 많이 죽었다. 러시아 병사들의 '새로운 피'가 왜 필요했을까? 그들에게 영웅 칭호를 붙여주는 것으로 그릇된 전쟁을 일으킨 국가의 책임을 면제받으려는 건가? 후회는 왜 항상 권력자가 아니라 선량하고 죄 없는 민중들의 몫이어야 하는가?

명분 없는 전쟁터에서 희생되는 젊은이들 — 〈제9중대〉

2005년에 러시아의 표도르 본다르추크 감독이 만든 영화로, 1989년 1월에 있었던 아프가니스탄 3234 자르단 고지전의 실화를 다룬 작품이다. 아프가니스탄 전쟁을 소재로 삼아 서방 국가들에서 만든 영화는 많지만 러시아에서 만든 영화는 드문 편인데, 관제 영화가 아니라는 점에서 괜찮은 평을 받기도 했다. 영화는 훈련소로 가기 위해 모인 입대병들이 비 오는 날 군 수송 버스를 타기 직전 가족과 친구, 애인과 작별 인사를 나누는 장면으로 시작한다. 이들 중 아프가니스탄으로 파견 나간 뒤 살아 돌아오지 못할 거라는 걸 아는 사람은 거의 없었다. 배웅 나온 애인을 향해 "울지 마. 2년 금방 가."라고 했던 청년 역시 자신의 운명을 알지 못했다.

고된 훈련을 마치고 아프가니스탄으로 들어가기 직전 지휘관이 아프가니스탄과 이슬람에 대해 사전 정보를 알려주며 설명하는 장면이 나온다. 지휘관은 병사들에게 아프가니스탄에서는 여자들을 쳐다보는 것도 안 된다며 다음과 같은 내용을 전달한다.

"마을에 있을 땐 손님이므로 이교도라도 죽이진 않는다. 명심해라. 명심하고 또 명심해라. 마을에 있으면 안전하지만 마을을 나서는 순간이 위험하다. 차를 대접하던 사람이 총알을 선물할 것이다."

앞서 스베틀라나의 책에 나오는 아프가니스탄 사람들의 관습법과 일맥상통하는 대목이다. 영화는 고된 훈련 과정과 전쟁터로 나갈 때 느끼는 병사들의 두려움을 가감 없이 살려냈으며 전투 장면의 리얼리티도 뛰어나다.

인정사정없는 혹독한 교관에게 감내하기 힘들 정도의 훈련을 받은 다음 군 수송기를 타고 드디어 아프가니스탄 땅을 밟은 젊은 병사들은 비행장에서 임무를 마치고 고국으로 돌아가는 선임 병사들과 마주치고 서로 반갑게 인사를 나눈다. 그런데 선임 병사들을 태운 비행기가 이륙 직후에 격추당하고 만다. 직전까지만 해도 설레는 표정을 짓고 있던 병사들은 바로 눈앞에서 벌어진 장면을 보면서 이게 바로 아프가니스탄이라는 사실을 생생하게 체험해야 했다. 죽음 바로 곁에 자신들이 와 있다는 사실을 목도하는 순간 모두 입을 다문 채 아무 말도 할 수 없었다.

훈련소 동기들은 비행장에서 서로 다른 중대로 배치되어 헤어지고, 제9중대로 배치받은 병사들 중심으로 영화 후반부가 시작된다.

> "중대장, '토마토' 자식이 사밀린 총을 줬어. 새 총은 빼돌리고."
> "무기를 팔아요?"
> "전쟁통에 한몫 챙기는 놈들이 있지."

제9중대에 배치되자마자 나오는 대화 장면이다. 이런 식의 부조리한 사례는 스베틀라나의 책에 등장하는 병사들의 증언에서도 여러 차례 나온다. 이런 면에서 볼 때 영웅담을 중심으로 아프가니스탄 침공을 정당화하면서 전쟁을 미화하는 홍보성 영화는 아님을 알 수 있다. 이런 영화를 만들 수 있었던 건 아프가니스탄 침략 전쟁이 끝난 지 오래됐고, 곧바로 소비에트 정권이 무너졌으며 전쟁에 대한 객관적인 평가가 어느 정도 이루어졌기 때문이다.

제9중대 대원들은 3234 자르단 고지에 진지를 구축한 다음 보급로를 방어하는 임무를 부여받는다. 몇 차례의 전투와 그 과정에서 전사하는 동료가 있긴 했으나 그 정도는 전쟁터에서 흔히 벌어지는 일이었고, 본격적으로 펼쳐질 비극의 서막에 불과했다. 고지 생활 267일째, 1988년을 보내고 새해를 맞이하던 날 부대원들은 흥겨운 파티를 벌인다. 마치 지상에서의 마지막 시간을 앞두고 만찬을 즐기기라도 하는 것처럼.

곧이어 아프가니스탄 반군들의 대규모 공격이 시작되고, 진지를 지키던 병사들은 영웅적인 투쟁을 전개하며 방어에 나섰으나 한 명만 빼고 모두 전사한다. 뒤늦게 헬기를 동원한 구조대가 도착했지만 이미 모든 상황이 종료된 뒤였다. 헬기에서 내린 연대장은 최후의 생존자를 향해 이렇게 말한다. "왜 통신이 두절됐지? 명령 못 받았어?"

전투가 있기 전부터 소련군은 아프가니스탄에서 전면 철수할 준비를 하고 있었다. 그러면서 제9중대에게도 임무를 중지하고 철수하라는 명령이 내려졌지만 착오로 인해 중대원들은 철수 명령을 전달받지 못했다. 명령 체계가 제대로 작동하지 않는 바람에 젊은 병사들을 몰살시키고 만 셈이다. 최후의 전투가 벌어지고 불과 한 달

뒤인 1989년 2월 9일, 소련군이 아프가니스탄에서 철수하는 모습과 함께 마지막 생존자의 내레이션이 흘러나온다.

"아프간을 떠났다. 우리 9중대는 작전을 완수했다. 그때는 몰랐다. 우리가 지키려던 조국이 사라지고 훈장도 무용지물이 되리란 걸, … 제대 뒤 우리 생활도 참혹했다. 이겨낸 이들도 많지만 도태된 이들도 많다. 그때는 몰랐다. 까맣게 몰랐다. 대규모 철수 작전 중에 우릴 잊 었단 것도. 아프간을 떠났다. 제9중대, 우리는 승리했다."

조국이 사라졌다는 말은 소비에트 연방이 무너졌음을 뜻한다. 연 방이 붕괴된 게 꼭 아프가니스탄 전쟁 때문만은 아니지만 관련이 없 다고 하기도 어렵다. 처음부터 엇나간 침공 전쟁은 아프가니스탄과 소련 양쪽에 돌이키기 힘든 파괴와 수많은 죽음만 남긴 채 마무리됐 다.

아프가니스탄을 소재로 삼은 전쟁영화에 나오는 병사들은 소련군 이건, 미군이건, 다국적군이건 한결같이 무엇 때문에 여기에 와서 싸우다 죽어가야 하는지 모르겠다는 말을 한다. 그렇게 명분 없는 전쟁터에서 희생당하는 젊은이들의 모습을 보여줌으로써 전쟁의 무 의미함이나 강대국의 부도덕함을 폭로하고는 있지만 그 이상 나아 가지는 않는다. 스베틀라나의 책에도 나오는 것처럼 전쟁을 기획하 고 주도한 정치인들은 아무도 책임지지 않았고, 영화에서도 그런 지 점을 직접 짚고 있지는 않기 때문이다. 부도덕한 전쟁을 정의감이나 휴머니즘으로 포장한, 그러면서 거액을 들여 스펙터클한 볼거리를 보여주는 데 머물고 만 영화들이 많다. 〈제9중대〉 역시 어이없이 죽어가야 했던 젊은 병사들의 희생을 보여주고는 있으나, 그런 비극을 초래한 주체인 국가의 책임을 회피하고 있다는 점에서는 대동소이하다.

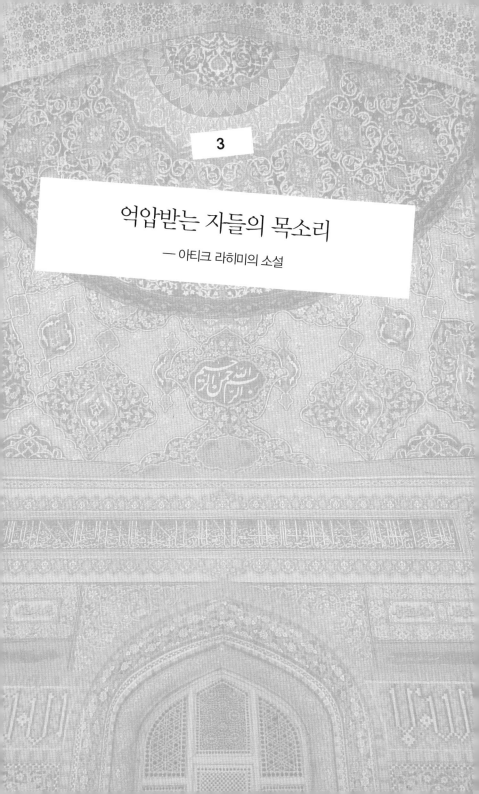

3

억압받는 자들의 목소리

— 아티크 라히미의 소설

억압받는 자들의 목소리
― 아티크 라히미의 소설

생명의 대지에 재만 쌓여가네 ―『흙과 재』

오래전에 아프가니스탄 출신 작가 아티크 라히미(Atiq Rahimi)가 쓴 『흙과 재』라는 소설을 읽고 충격을 받았다. 책장에서 찾아 꺼내 보니 2002년 초판 발행으로 되어 있다. 2000년에 페르시아어로 써서 발표한 작품을 불과 2년 만에, 그것도 국내에 전혀 소개된 적이 없던 외국 작가의 첫 발표작을 번역해서 출간한 것만으로도 상찬받을 일이다. 출간 이후 호평이 이어지면서 20여 개 나라에서 번역됐다니 그런 붐이 영향을 미쳤던 모양이다.

아티크 라히미는 1962년에 아프가니스탄의 카불에서 태어났다. 프랑스어로 수업하는 중고등학교에 다녔다고 한 것으로 보아 꽤 부유하고 문화 수준이 높은 집안에서 태어났음을 짐작할 수 있다. 당시만 해도 아프가니스탄은 서양의 문화를 제법 받아들였으며, 느린 속도나마 근대화를 향해 나아가고 있는 중이었다. 그러다가 친소 정권이 들어선 뒤 라히미는 파키스탄을 거쳐 프랑스로 이주하게 된다. 1984년의 일이었다. 아프가니스탄에 있을 때부터 프랑스와 유럽 문학에 눈을 뜬 라히미는 소르본대학교에 들어가 영화를 전공했다. 이후 여러 편의 기록영화를 찍는 한편 아프가니스탄의 이야기를 소설로 쓰기 시작했다.

『흙과 재』는 중편 정도 분량의 소설이다. 줄거리도 간단해서 소련군의 폭격으로 마을 사람과 가족이 모두 죽고 운 좋게 살아남은 할아버지가 손자를 데리고 탄광에서 일하고 있는 아들을 찾아가는 이야기다. 불행한 건 손자가 폭발음 때문에 귀가 멀었다는 사실이다. 소설은 독특하게 2인칭 시점으로 전개된다. 너라고 지칭되는 할아버지 다스타기르의 행동과 말을 뒤쫓는 서술자의 시선에는 아무런 감정이 실려 있지 않다. 오로지 서술자의 눈에 보이고 귀에 들리는 대로 받아 적을 뿐이다. 할아버지의 입을 통해 전달되는 이야기 속에서 독자들은 전쟁의 참상과 미래가 보이지 않는 아프가니스탄의 현실을 생생하게 목도하게 된다. 그런 참상의 느낌을 증폭시키는 건 아프가니스탄의 지리적 조건에서 오는 황량한 풍경이다. 다리 아래 강물은 말라붙었고, 건조한 바람에 실려 오는 흙먼지는 옷과 터번에 달라붙어 시커멓게 만든다. 손자에게 건네주려던 사과에 묻은 먼지를 옷자락으로 닦자 오히려 사과가 더 더러워질 정도다. 다리 건너편에는 초소가 있고, 거기서 탄광까지 가는 차를 타고 가야 하는데 언제쯤 차가 올지 기약이 없다.

손자는 배고픔과 목마름, 거기에 지루함까지 밀려와서 견딜 수 없다. 그래서 말도 안 되는 억지를 부리며 초소에 돌을 던지기도 한다. 초소를 지키는 병사가 자신의 말에 대답하지 않는 게 화가 나서 그랬단다. 손자는 자신의 귀가 멀었다는 걸 인정하지 않는다.

"틀림없이 탱크들이 여기에도 온 것 같아. 가게 아저씨도 목소리가 없잖아요. 건널목지기 아저씨도 목소리가 없고…. 할아버지, 소련 군인들이 세상 사람들의 목소리를 빼앗아 가려고 온 거지? 사람들의 목소리를 모아다가 뭘 하려고 그러는 거야? 할아버지는 왜 목소리를 그냥 가져가게 내버려두었어요? 목소리를 주지 않으면 죽인다고 했어요? 할머니는 목소리를 주지 않았나 봐, 그러니까 죽었지…."

이 대목이 소설의 핵심 모티브를 이루고 있다. 아프가니스탄 사람들은 목소리를 잃어버렸다. 그들이 아무리 입을 크게 벌려 소리치고 호소한들 그 누구에게도 다가가지 않을 거라는 현실―국내와 국제사회 모두―을 이보다 정확하게 서술하기는 어렵다. 그런 현실에 대해 할아버지도, 주변 어른들도 손자에게 설명해줄 방법이 없다. 현실을 헤쳐가기에 할아버지는 너무 늙었고, 현실을 읽어내기에 손자는 너무 어리다. 탄광에서 일하는 아들이 아직은 젊으니 그래도 무언가 의미 있는 행동을 시도해볼 만한 존재다. 하지만 그런 아들에게도 명쾌하게 움켜쥘 수 있는 선택지는 존재하지 않는다. 할아버지는 정말로 아들을 찾아가야 하는지 자꾸 망설인다. 소련군의 폭격으로 가족이 모두 죽었다는 사실을 전했을 때, 아들의 선택은 총을 들고 복수하러 가는 길 외에는 없을 거라는 걸 잘 알기 때문이다. 그렇다고 해서 가족의 비극을 알리지 않을 수 없다는 생각에 이러지도 저러지도 못한 채 갈등한다. 더구나 목욕 중에 폭격이 시작되는 바람에 며느리가 알몸으로 뛰쳐나온 장면까지 목격한지라, 이슬람 신도로서 훼손된 명예를 견딜 수 없다. 그런 사실을 어찌 아들에게 털어놓을 수 있단 말인가.

할아버지는 아프가니스탄의 과거, 아들은 현재, 손자는 미래를 상징한다고 할 때 할아버지의 역할은 더 이상 없다. 아들도 총을 들고 산으로 들어가는 길밖에 없다. 그렇다면 손자는? 손자 세대에게 평화를 물려줄 방법은 보이지 않는다. 마지막으로 희망을 걸어볼 수 있는 대상이 있다면 그들이 믿는 알라 신이 아닐까? 하지만 신마저 그들을 버렸다는 게 점점 분명해지고 있다. 그래서 다스타기르는 폭격을 당한 후 일주일 동안 한 번도 기도를 올리지 않았다.

네가 기도를 올리든 올리지 않든, 분명한 진실은 신께서 조금도 네게 관심을 두고 계시지 않는다는 것이다. 그가 단 한순간만이라도 네 생각을 하셨다면, 네 쓰라린 심정을 돌아보셨다면…! 슬프게도 신께서는 당신의 피조물들을 버리셨다.

신으로부터도 버림받은 존재는 어디로 가서 구원을 호소해야 할까? 알라 신은 정말로 아프가니스탄 땅과 그곳에 사는 사람들을 영영 버린 걸까? 다스타기르는 결국 탄광까지 갔지만 아들이 지하 갱도에서 작업 중이라는 말을 듣고 그냥 돌아 나온다. 몇 시간만 기다리면 만날 수 있을 텐데 왜 힘들게 찾아가서 그냥 돌아섰을까? 아들은 이미 자신의 가족이 당한 비극을 알고 있다. 아들을 만나도 딱히 들려줄 말이 없다는 것, 그런 절망감이 다스타기르의 발길을 돌려세웠으리라.

흐느낌이 네 목을 조른다. 눈을 감는다. 가슴 깊은 곳에서부터 흘러나오는 눈물을 그냥 흐르게 내버려둔다. 다스타기르! 남자답게 굴어! 남자는 울지 않는 법이다. 아니, 그렇지 않아. 우는 게 왜 안 된다는 거지? 네 슬픔이 흘러내리도록 그냥 내버려두렴.

(…) 너는 걸음을 늦춘다. 잠시 멈추어 선다. 고개를 숙인다. 잿빛 흙을 손가락 두 개로 조금 집어 혀 밑에 넣는다. 그리고는 다시 길을 간다…. 뒷짐을 진 네 두 손엔 아내의 골레세브 스카프로 싼 보따리가 들려 있다.

소설의 마무리 대목을 읽으며 제목이 '흙과 재'라는 사실을 아프게 곱씹는다. 흙, 다시 말해 대지는 생명의 근원이자 모든 인류의 어머니라는 말을 많이 한다. 하지만 아프가니스탄에서는 그런 흙 위에 재만 쌓여간다. 아프가니스탄의 대지가 언젠가는 새로운 꽃들을 피워 올리고 새들이 찾아드는 곳으로 변할 수 있을까? 다스타기르가 잿빛 흙을 입안에 넣는 건 그런 소망을 표출하고 있는 게 아닐까? 그런 생각을 하며 책을 덮는 동안 막막한 슬픔과 늙은 할아버지의 흐느낌이 줄곧 따라 나왔다. 그러면서 뜬금없이 1990년대 초반에 상영된 국내 영화의 제목인 〈가슴에 돋는 칼로 슬픔을 자르고〉가 생각났다. 잘라도 잘라도 잘려 나가지 않을 슬픔이 있다면 어떻게 해야 하나 싶었다.

처음 이 소설을 읽었을 때 충격을 받았다고 했는데, 지금도 그때의 감정이 고스란히 느껴진다. 소설 발표 후 20여 년이 지났지만 아프가니스탄의 미래는 여전히 암울하다는 사실 때문에 그렇다. 아프가니스탄 출신 소설가가 자신들이 맞닥뜨린 현실을 회피하지 않고 고통스럽게 응시하며 세계 각지의 독자들에게 슬픔의 칼날을 들이밀고 있다는 생각이 떠나지 않는다.

> "어르신도 아시겠지만, 때때로 고통은 녹아내려서 우리의 눈으로 흘러나오기도 합니다. 그런가 하면 면도날처럼 날카로운 말이 되어 입술 사이로 새어 나오기도 하지요. 아니면 우리 안에서 폭탄으로 변해 어느 날 갑작스런 폭발로 우리를 파멸시키기도 하고 말입니다."

다스타기르가 손자와 함께 물을 얻으러 들어간 구멍가게의 주인이 건넨 말이다. 고통의 세 가지 측면 중에서 어떤 걸 취해야 할까? 작가 라히미가 프랑스에 와 있을 때 그의 형이 전쟁에서 죽었다. 그런 사실을 아버지가 2년 동안이나 말해주지 않았다고 한다. 라히미는 살아 있는 사람들이 죽은 이들을 애도하는 것에 직면하는 걸 회피한다고 말한다. 상처받을 것에 대한 두려움에서 연유하는 것일 테지만 언제까지나 아무것도 말하지 않고 살 수는 없는 일이다. 그래서 라히미의 작품은 가해자들에 대한 복수보다 죽은 이들을 애도하며 함께 눈물 흘리는 일이 더 중요하다는 점을 짚는다. 라히미는 소련군을 증오하지만 그렇다고 해서 반군 세력에 동조하지도 않는다. 반군 세력 역시 폭력의 악순환을 불러올 뿐이며, 이슬람 사회가 강요해온 남성 위주의 가부장 질서를 공고히 하려는 집단일 뿐이다. 소설 출간 후에 가진 인터뷰에서 라히미는 이런 말을 했다.

"또한 고통이 눈물로 흘러나와서는 안 되고, 반드시 폭력으로 변해야만 한다는 남성적 이미지와도 고리를 끊고 싶었고요. 이 소설이 가부장적 법칙을 문제 삼고 있다는 점도 읽으실 수 있을 겁니다."[1]

소설 속에서 다스타기르는 '피는 오직 피를 부를 뿐'이라며 자신의 아들이 목숨을 바쳐서라도 복수에 빠져들 것을 우려하고 있다. 위에 인용한 구멍가게 주인이 말한, 고통이 폭탄으로 변해 스스로를 파멸시킬 거라고 한 것도 그런 맥락과 닿아 있다. 구멍가게 주인은 자신의 아들이 군인이 되자 부자의 인연을 끊었다. 그런 뒤 탄광에 들어가 일해서 번 돈으로 가게를 차렸다. 그는 본래 상인이었으며

---

1 『흙과 재』 뒤에 실린 인터뷰(107쪽) 중에서.

장사가 끝나면 이웃들에게 시를 들려주곤 했다. 가게를 차린 후에도 손님이 없는 동안에는 글을 쓰거나 책을 읽는 게 주된 일과다.

어느 나라든 모든 이들로부터 존경받는 현자(賢者)가 있기 마련이고, 그들은 대개 평화주의자다. 아프가니스탄도 마찬가지일 텐데, 오랜 전쟁을 거치는 동안 그런 현자들이 설 자리를 잃었다. 구멍가게 주인이 현자에 가까운 인물이지만, 산골에서 작은 구멍가게나 하고 있는 처지다. 라히미가 말한 가부장 문제는 이후의 소설 『인내의 돌』에서 전면화되는데, 거기도 온갖 부정적인 인물이 나오지만 그래도 희망을 걸 법한 현자에 해당하는 인물이 등장한다. 카불에는 가수, 화가, 시인들이 모이는 거리가 있었으며, 라히미도 자주 갔었다고 한다. 거기서 만난 위대한 시인들에 대한 존경심이 라히미 문학의 바탕을 이루었을 것이다.

라히미는 영화 작업도 병행하는데, 자신이 감독이 되어 이 소설을 영화로 만들어 개봉했다. 우리나라에서는 2004년 부산국제영화제에서 〈대지와 먼지〉라는 제목으로 상영했으나 지금은 구해 보기 힘들다.

종교와 독재, 두 겹의 미로에 갇히다 —『꿈과 공포의 미로』

『꿈과 공포의 미로』는 라히미가 『흙과 재』에 이어 두 번째로 펴낸 소설이다. 제목에 있는 것처럼 공포에 사로잡혀서 헤어나오지 못하는 인물을 다루고 있다. 라히미의 소설 속 문장들은 짧은 단문의 연속이다. 짧게 끊어지는 듯한 라히미의 문장은 그러면서도 시적인 정취를 띠고 있다. 암울함을 감추지 않으면서도 그걸 빛나는 문장으로 감싸는 능력이 뛰어나다. 오랫동안 아프가니스탄 문학의 주류를 이루어온 시의 전통이 라히미의 몸에도 배어 있을 거라는 생각을 하게 된다.

파라드라는 청년이 낯선 집에 누워 있다. 파라드는 자신이 죽은 상태인지 살아 있는 상태인지도 모를 만큼 고통스러운 혼몽 속을 헤매는 중이다. 그런 파라드를 아버지라 부르며 깨우는 소년이 있다. 그런데 아무리 생각해봐도 자신은 결혼하지 않았으며, 당연히 아들도 없다. 파라드가 누워 있는 곳은 마나즈라는 여인이 어린 아들과 남동생을 데리고 사는 집이다. 남편은 정치범으로 감옥에 끌려가서 죽었고, 어린 아들은 파라드를 살아 돌아온 아버지라 믿는다. 남동생은 열여덟 살인데, 3주 동안 감옥에 끌려갔다 돌아온 뒤 머리는 백발이 되었고, 말도 제대로 못 한다.

파라드는 왜 낯선 여인의 집에 와서 누워 있게 된 걸까? 환청과 환시에 시달리는 파라드의 회상을 통해 조금씩 퍼즐이 맞춰진다. 때는 소련군을 등에 업은 공산당 정부가 공포정치를 펴던 시기다. 파라드는 친구 에나야와 술을 마시고 집에 가다 통금 시간에 걸려 군인들의 검문을 받았다. 그리고 지프차로 끌려가서 무자비한 구타와 고문을 당했다. 통금 시간을 어겼다는 이유만으로 그토록 가혹한 처사를 당해야 하는 이유를 파라드는 납득할 수 없었다. 그러면서 자신의 죄상에 대한 추론을 이어간다.

사실 내가 저질렀던 죄는 그다지 큰 것들이 아니다. 고작해야 할 일을 하지 않았다는 죄가 있을 뿐이다. 그것 역시 다몰라 사이드 무스타파의 가르침들 가운데 하나이다. 우선 넌 기도를 하지 않았다. 메카의 성지 순례도 하지 않았다. 또한 구제도 하지 않았어! …그리고 성전(聖戰)에 참여하지도 않았구나.

전작 『흙과 재』에서도 라히미는 신의 존재에 대해 회의적인 시각을 보여주었다. 아프가니스탄의 비극을 외면하는 신이라면 그런 신을 어찌 믿고 의지하겠는가. 하지만 이슬람 사회에서 불신자(不信者)는 그 자체만으로도 비난과 공격의 대상이 된다. 파라드는 자신이 불신자라서 신이 괴롭히는 중이라고 생각한다. 종교가 가하는 억압 못지않게 파라드를 고통 속으로 밀어 넣은 건 공산 정권이다. 파라드가 술을 마시고 통금 시간을 어기게 된 건 친구 에나야 때문이다. 파라드는 에나야가 먼저 읽은 책을 보다가 밑줄이 쳐진 다음 구절을 만났다.

말하기에 무능한 우리, 우리는 단지 듣는 것만 가능할 뿐이다! 모든 것을 말하려는 것은 모든 것을 들으려는 것만큼이나 중요한 일이다. 하지만 난 우리들의 귀에 봉인이 찍혀 있음을 본다. 그 봉인은 우리들의 마음과 입에도 찍혀 있다.

공산당이 지배하는 체제 아래서는 입이 있어도 말할 자유는 없으

며, 오로지 정권이 강요하는 구호만 따라 할 수 있었다. 그런 공포정
치에 대한 반감을 공유한 두 사람은 이내 가까운 친구 사이로 발전
했다. 그러다 에나야가 곤경에 처하는 일이 생겼다. 수업 중에 에냐
야가 공산당의 슬로건을 패러디한 글을 쪽지에 써서 파라드에게 던
졌는데, 그게 하필이면 공산당에 가입한 학생 발아래 떨어진 것이
다.

> 내 것이 일어서지 않으면
> 네 것이 일어서지 않으면
> 그의 것이 일어서지 않으면
> 누가 이 나라의 어미와 붙어먹으라?

에나야의 쪽지 글은 누가 봐도 공산당을 조롱하고 야유하는 게 분
명했다. 후환이 두려웠던 에나야는 곧장 학교에서 도망쳤고, 이참에
아프가니스탄을 탈출하기로 마음먹었다. 두 친구는 이틀 동안 술을
마시며 작별을 앞둔 송별식을 했고, 그 후과가 파라드에게 미친 것
이다.

"할아버지는 말씀하셨지. 다몰라 사이드 무스타파의 말에 의하면,
영혼은 우리가 잠이 든 동안 다른 곳으로 간다고. 그리고 그 영혼이
우리의 육신으로 돌아오기 전까지는, 기나긴 악몽 속에서 멍멍함과
공포에 몸을 내맡긴 채, 목소리도 낼 수 없고 힘도 쓰지 못하는 상태

로 있어야만 한다고. 그런 상태는 영혼이 돌아올 때까지 계속된다고
했었지.”

  고통에 겨워 정신이 오락가락하는 동안 파라드는 줄곧 할아버지
가 들려주었던 말들을 떠올린다. 그러면서 파라드는 지금 자신의 영
혼이 육체 밖으로 나가서 돌아오지 않은 상태라고 여긴다. 파라드가
마주한 현실은 부조리와 억압이 지배하고 있으며, 그럴 때 꿈은 현
실을 잊는 마취제이자 도피처가 될 수도 있다. 하지만 아프가니스탄
에서는 현실과 꿈 사이에 별 차이가 없다. 둘 다 공포로 가득 차 있
다. 설사 영혼이 돌아와서 깨어난들 그게 바람직한 상태가 될 것인
지 자신할 수 없다.
  악몽을 헤매던 파라드는 간신히 정신을 차렸고, 연락을 받은 어머
니가 파라드를 파키스탄으로 피신시킬 계획을 세운다. 파라드는 카
불을 떠나고 싶지 않다. 파라드의 아버지는 아내와 자식들을 버린
채 젊은 여자를 데리고 파키스탄으로 떠나버렸다. 그런 상태에서 자
신마저 어머니와 두 동생을 두고 파키스탄으로 도망가는 걸 용납할
수 없기 때문이다. 소설 속에 “네 아비는 저주받아 마땅해!”라는 구
절이 몇 차례 나온다. 아비는 육친일 수도 있고, 종교적 권위나 공산
당 독재정권일 수도 있다. 라히미가 비판하는 것 중의 하나가 남근
(男根)주의다. 남근은 권력과 통하며, 그들 권력 집단이 강조하는 게
명예다. 그래서 작가는 이렇게 말한다. “명예, 얼마나 역겨운 단어인
가!”

이슬람 사회에서 명예는 목숨보다 소중한 것으로 여겨지지만, 명예를 지키기 위한 방편이 가부장의 권력 유지와 여성과 약자에 대한 폭력으로 나타나곤 한다. 그런 폭력의 대척점에 있는 존재가 어머니로 대표되는 여성이다. 마나즈와 함께 파라드의 어머니는 구원의 표상으로 그려진다. 소설을 시작하기 전에 '내 어머니를 위해. 그리고 사라져버린 어머니의 꿈을 위해'라고 적어둔 건 작가의 그런 지향점을 직접 드러낸 셈이다.

파라드는 어머니의 간청에 어쩔 수 없이 도피의 길에 나선다. 하지만 파키스탄 국경 가까운 곳에 이르러 다시 위험에 빠진다. 소설은 파라드가 도피에 성공하는 모습을 보여주지 않은 상태에서 이야기를 끝낸다. 쉽게 빠져나올 수 있다면 그건 미로가 아닐 터이다. 파라드를 비롯해 아프가니스탄 사람들을 빨아들인 미로는 너무 복잡하게 설계되어 있다. 마치 깨어날 수 없는 꿈처럼 막막하다. 미로와 감옥이라는 말은 서로 통하는 지점이 있으며, 아프가니스탄 전체가 하나의 감옥이자 거대한 미로라고 해도 어긋난 표현은 아닐 것이다.

자유로운 사유를 억압하는 종교와 공산당의 독재, 그렇게 두 겹으로 된 '공포의 미로'에 갇힌 아프가니스탄 젊은이의 운명을 쫓아가노라면 도무지 희망이란 말을 찾기 어려워 보인다. 그런 가운데서도 가느다란 희망의 끈을 발견할 수 있다면, 위험을 무릅쓰고 자신의 집에 파라드를 숨겨주는 여인과 탈출 과정에서 만난 신비한 노인의 존재가 있기 때문이다. 노인은 이슬람 사회의 오랜 전통과 신화에 자주 등장하는 현자에 가까운 인물로 그려지고 있다. 노인은 파라드에게 이렇게 말한다.

"진정한 자기 자신을 찾았다면 가벼운 마음으로 떠나게나! 하지만 자기 자신이 아닌 다른 자를 찾았다면, 그의 목을 꼭 움켜쥐고 떠나도록 하게! 만일 그자도 찾지 못했다면… 그러면 그대의 목을 꼭 움켜잡아야 하네!"

스스로 자신의 목을 꼭 움켜잡고라도 가야 하는 길 끝에 자유와 해방이 기다리고 있을까? 분명한 건 어쨌든 가야 한다는 사실이다. 머무른다는 건 갇힌다는 것이고, 그건 영원히 악몽만 꾸게 될 거라는 말과 다르지 않다. 그러나 자신의 목을 움켜잡고 가는 길 앞을 가로막으며 "정지!"를 외치는 목소리가 있다.

군홧발이 검은 커튼처럼 눈앞을 가로막는다.

벌써 밤이란 말인가.
이렇게 빨리!

소설의 마지막 대목이다. 암울한 결말이다. 그게 현실임을 작가가 모를 리 없다. 작가가 이 소설을 쓰고 많은 세월이 흘렀지만 아프가니스탄은 여전히 미로 속에 갇혀 있다.

문학과 영화로 만나는 아프가니스탄

지상의 모든 불행한 자들을 위한 돌 ─『인내의 돌』

국내에서 아티크 라히미의 소설은『인내의 돌』이 가장 많이 알려지고 읽혔다. 이 작품은 라히미가 페르시아어 대신 프랑스어로 썼으며, 호평이 이어지면서 공쿠르상을 받았다. 2009년에 국내에서 번역본 초판을 찍었는데, 내가 갖고 있는 책을 보니 초판 발행 후 11일 만에 2쇄를 찍은 걸로 되어 있다. 인터넷에서 검색해보면 소설에 대한 리뷰를 꽤 많이 만날 수 있다. 라히미 본인이 감독을 맡아서 이 작품을 영화로 만든 〈어떤 여인의 고백〉이 국내에서도 상영되었으며, 소설보다 영화로 먼저 접한 이들도 있을 것이다.

영화 연출을 전공한 작가답게 이 소설은 주인공이 연극 무대에서 독백으로 일관하는 모노드라마와 같은 구성을 취했다. 그래서 소설을 읽다 보면 마치 희곡을 읽고 있는 듯한 느낌이 든다.

> 방은 작다. 직사각형. 벽은 밝은 청색인데도 숨이 막힌다. 커튼 두 쪽에 무늬로 그려진 철새들은 노랗고 파란 하늘 위로 날아오르는 모습으로 고정되어 있다.

작품의 무대가 되는 공간을 묘사한 시작 부분이다. 모든 이야기가 이 작은 공간 안에서 주인공의 혼잣말로 펼쳐진다. 직사각형 공간 한쪽에 총을 맞아 의식불명 상태에 빠진 남자가 2주가 넘도록 손가락조차 움직이지 못하는 건 물론 눈도 깜박이지 못하고 있다. 시체나 다름없는 남자를 곁에서 간호하는 아내가 주인공이다. 여자는 남편에게 말을 건다. 당연히 남편은 아무런 반응이 없고, 그러거나 말거나 여자의 입은 쉬지 않는다. 집 바깥에서 벌어지는 모든 일들은 여자가 남편에게 들려주는 말로 전달된다. 남편이 누워 있는 방까지 군인들이 들이닥쳐 수색하고 총으로 위협을 가하지만 움직이지도 못하는 남편을 두고 혼자 도망갈 수는 없다.

그날 밤, 사람들은 총을 쏘지 않는다.
차갑고 김빠진 듯한 달빛 아래, 떠돌이 개들이 도시의 이곳저곳에서 짖어댄다. 동이 터올 때까지.
그 개들은 배가 고프다.
이날 밤에는 시체가 없다.

전쟁이 일상이 된 도시에 대한 묘사가 끔찍할 정도로 생생하다. 비슷한 표현이 몇 군데 나오는데, 가령 시간을 이런 식으로 나타내는 식이다.

해가 진다. 무기가 깨어난다.

무기들이 지쳐서 입을 다물 때, 새벽이 온다. 잿빛으로 조용히.

작가의 문장은 매우 간결하고 시적이다. 참혹해서 빛나는 문장이라고나 할까? 그런 역설이 가능토록 하는 게 아티크 라히미의 소설 속 문장들이다.

집 주변에서 벌어지는 일상사를 늘어놓던 여자는 남편과 결혼하게 된 사연부터 부부로 살아오면서 겪었던 일들을 토로하기 시작한다. 남편이 몰랐거나 일부러 남편에게는 숨겼던 비밀스러운 이야기까지도 과감하게 끌어낸다. 여자가 어떤 말을 하더라도 남편이 응수하거나 화를 낼 수 없는 상황이 되었기 때문이다. 그동안 하지 못했던, 아니 할 수 없었던 말을 꺼내놓는 과정 속에서 여자는 서서히 해방감을 느끼기 시작한다.

남편은 결혼하기 전부터 군인이었고, 주변에서 전쟁 영웅 대접을 받았다. 시댁에서 혼담을 넣자 여자의 아버지는 귀찮은 짐을 처리하듯 딸을 내몰았다. 그나마 빚을 갚기 위해 열두 살짜리 언니를 마흔 살 먹은 남자에게 시집 보낸 것보다는 나았다. 약혼부터 한 다음 남자가 전쟁터에서 돌아와 부부가 처음 대면한 건 3년 후였다. 결혼 후에도 남편은 전쟁터를 찾아다녔고, 결혼 생활 10년이 넘는 동안 함께 산 건 3년 남짓이었다.

이슬람 사회의 가부장 문화와 여성에 대한 억압이 동양의 유교 사회와 비교해서도 훨씬 심하다는 건 다 아는 사실이다. 그런 가운데서도 남자의 집안에서 유일하게 괜찮은, 아니 존경스러운 사람은 시아버지였다. 시아버지는 며느리에게 시와 이야기를 들려주며, 읽고 쓰면서 생각하는 법을 가르쳐주었다.

"당신이 자유를 위해 싸우고 있을 때 그분은 당신을 자랑스러워하셨어. 내게 그런 얘기를 해주셨지. 아버님이 당신을 미워하기 시작하고, 뿐만 아니라 당신 형제들까지 미워하게 된 것은 해방되고 나서, 당신 형제들이 서로 힘을 쥐겠다고 싸울 때였다고."

작가가 소설에서 특정 시기를 언급하고 있지는 않지만 정황으로 볼 때 자유를 위한 싸움은 소련군을 몰아내기 위한 전쟁으로 보인다. 소련군을 몰아낸 다음 무장 세력인 무자헤딘이 분열하여 부족과 군벌 간에 치열한 내전으로 치닫는다. 시아버지가 당신 자식들을 미워하게 됐다는 건 그런 상황에 대한 비판이다. 평화주의자인 시아버지는 집안에서 힘을 쓰지 못한다. 소련군을 몰아낸 다음에도 서로에게 총을 겨누며 싸우는 젊은이들에게 비판적이었던 터라 아들 형제들은 아버지를 정신병자 취급했다. 그렇게 아프가니스탄에서 평화를 주창하는 현자의 설 자리는 가족이라는 울타리 안에서도 없었다. 그래서 여자는 이렇게 중얼거린다. "현자들의 말씀이 정말 맞아. '무기에 맛 들인 사람을 절대 믿지 말라!'더니만."

남편은 여자의 몸과 감정에 대해 아는 게 전혀 없다. 잠자리에서도 아내가 자신의 몸에 손을 대거나 키스하는 건 용납할 수 없으며, 오로지 혼자 욕망을 채우면 그만이다. 심지어 술에 취해 들어와서 잠자는 아내와 강제로 관계를 가졌다가 피가 나오자 생리 중이라는 사실을 알리지 않았다며 무자비하게 폭력을 휘두른다. 더러운 피가 자신의 몸에 묻게 했다면서. 심각한 문제가 하나 더 있었으니 남자가 여자에게 임신을 시킬 수 없는 몸이었다는 점이다.

이때 소설에서 매우 중요한 역할을 하는 여자의 고모가 등장한다. 고모는 결혼 후 임신을 하지 못하자 시골에 있는 시부모의 집으로 쫓겨났고, 그때부터 시아버지에게 수년에 걸쳐 강간당한다. 견디다 못한 고모는 시아버지의 '골통을 부쉬놓'은 다음 시가에서 쫓겨나 사창가로 흘러든다. 여자는 그런 고모에게서 주체적인 여성성을 발견하면서 존경하고 따른다. 그리고 고모의 중개를 통해 낯선 남자와 관계를 가진 다음 자식을 낳는다. 그런 선택을 할 수밖에 없었던 건 아이를 낳지 못한다는 이유로 시댁에서 여자를 쫓아내고 남편에게 두 번째 부인을 얻어주려고 했기 때문이다.

아이가 남편의 핏줄이 아니라는 말은 평생 마음속 깊이 묻어두어야 마땅한 비밀이었다. 하지만 갇힌 말은 풀어주어야 한다. 그랬을 때 자신을 억압하고 있던 심리적 기제가 폭력에 바탕을 둔 순응과 순치의 이데올로기였다는 걸 알게 되고 비로소 해방의 정서에 가까이 다가갈 수 있다.

소설의 원제는 '생게 사부르(syngue sabour)'다. 그걸 '인내의 돌'이라는 말로 번역한 건데, 이 돌에 대해 설명하는 대목이 소설 안에 나온다.

"당신 알지, 그 돌을 앞에 놓고…… 그 앞에서 모든 불행, 모든 괴로움, 모든 고통, 모든 비참한 이야기…… 이런 걸 다 탄식하며 털어놓는…… 마음에 담은 것, 남들에게 차마 말 못 할 이야기, 모두 털어놓는 그런 돌……." 그녀는 똑똑 떨어지는 용액 방울을 조절한다. "그 돌에게 이야기하고, 이야기하고. 그러면 그 돌이 이야기를 듣고 그 말을, 비밀을 모두 빨아들이다가 어느 날인가 탁 깨지는 거야. 산산조각나는 거야." 그녀는 남자의 눈을 닦아주고 안약을 떨어뜨려 준다. "그렇게 되는 날, 이야기한 사람은 모든 고통에서, 모든 괴로움에서 해방되는 거야……. 그 돌 이름이 뭐더라?'

그 돌 이름이 바로 페르시아 신화에 나오는 생게 사부르다. 이 마법의 돌에 대한 이야기를 들려준 건 시아버지였다. 시아버지는 죽기 얼마 전에 며느리를 불러 생게 사부르에 대한 이야기와 함께 이렇게 말했다.

"그래, 지상의 모든 불행한 자들을 위한 돌이지. 거리로 가라! 가서 네 비밀을 그 돌에게 다 털어놓으렴. 그 돌이 부서질 때까지… 네가 고통에서 벗어날 때까지 말이다."

여자는 자신의 남편을 '나의 생게 사부르'라 부른다. 그러면서 그동안 하지 못했던 모든 억눌린 말들을 쏟아놓는다. 자신의 행복을 위해 진실을 털어놓는 쪽을 택했다고 할 수 있다. 여자는 입을 열어 말하기 시작했고, 기존의 인습을 깨버리고 싶었다. 그래서 남자가 누워 있는 방에 찾아온 소년 병사의 몸을 받아들이기도 했다. 소년 병사는 몹시 말을 더듬었다. 고아였던 소년을 군인이 데려가서 키우며 자신의 욕구를 채우기 위해 온갖 학대를 자행했기 때문이다. 소년의 몸에는 학대로 인한 자국들이 그득하다. 그런 소년 병사의 상처를 보듬어주는 여자. 사실이 알려지면 이슬람 율법인 샤리아에 따라 군중들에게 끌려가 돌에 맞아 죽을 일이다. 하지만 그런 사실까지도 여자는 자신이 생게 사부르 역할을 부여한 남편에게 모두 고백한다.

그렇게 해서 과연 여자는 기존의 관습과 가부장의 폭력으로부터 해방되었을까? 두 딸이 다른 남자의 씨앗이라는 마지막 비밀을 털어놓은 다음 아무런 움직임도 없던 남자가 느닷없이 벌떡 일어나서 여자의 머리채를 잡고 벽에 패대기를 친다. 수천 년을 이어온 지배 이데올로기와 가부장의 폭력이 그리 쉽게 무너지지는 않을 거라는 걸 암시하는 장면으로 읽힌다. 여자는 남자의 가슴을 단검으로 찌르고, 둘 다 원래 자리로 가서 고요한 시간을 맞으며 소설은 끝난다.

『흙과 재』가 제목처럼 희망이 보이지 않는 암울한 세계를 묘사하고 있다면 『인내의 돌』은 변화와 희망을 모색하는 작가의 목소리가 배면에 깔려 있다. 모든 피억압자들은 자신의 고유한 성대를 갖지 못한다. 그들로 하여금 자신들의 목소리를 되찾고, 스스로 억눌렀던 말을 마음대로 할 수 있게 해주는 것, 그게 해방으로 가는 첫걸음이란 건 분명하다.

　"고모 말이 틀리지 않은 것이, 제대로 사랑을 나눌 줄 모르는 사람들이 전쟁을 하는 거라고."

소설 속에서 내게 인상적으로 다가왔던 구절이다. 소설 속에서 여자에게는 마치 성욕이라는 게 없는 것처럼, 아니 없어야 하는 것처럼 강요하는 장면들이 나온다. 사랑을 나누는 행위마저 남성의 지배 욕망에 기반을 둔 채 이루어지며, 그러한 욕망이 전쟁의 기원에 대한 통찰로 이어지는 구절로 받아들였다.

소설이 시작되기 전에 작가는 책 앞에 이런 말을 써두었다.

남편의 손에 야만적으로 살해된 아프가니스탄 시인 N.A.를 추모하면서 쓴 이 이야기를 M.D에게 바친다.

M.D가 누구인지는 모르겠으나 N.A.는 아프가니스탄의 젊은 여성 시인인 나디아 안주만이다. 안주만은 대학에서 문학을 전공했고, 첫 시집 『어두운 꽃』을 발간했다. 그로 인해 여자가 감히 사랑과 아름다움에 관한 시를 써서 이슬람의 명예를 훼손했다는 이유로 남편에게 맞아 죽었다. 그렇게 스러져간 스물다섯 살의 젊은 여성 시인을 생각하며 소설을 구상하기 시작했다고 한다. 라히미가 이슬람 사회의 가부장제에 대해 얼마나 비판적인 시각을 가지고 있는지 알 수 있는 사례다. 그건 어쩌면 라히미가 아프가니스탄을 벗어나 프랑스에 살고 있기 때문에 가능한 일인지도 모르겠다. 라히미는 이 작품을 프랑스어로 쓴 이유에 대해, 아프가니스탄에서 통용되는 페르시

아어인 다리어로 쓰면 자신도 모르게 고국의 문화를 생각하면서 자기 검열을 하게 되는데, 프랑스어를 사용하면 그런 제약에서 벗어날수 있기 때문이라고 했다. 오랜 세월에 걸쳐 몸에 밴 민족적 습성은 쉽게 떨쳐버리기 어려운 일이다. 안주만 시인이 살해당한 게 탈레반 치하가 아니라 미군이 주둔하고 있던 2005년의 일이었다는 사실만 생각해도 짐작할 수 있는 일이다. 이슬람 사회의 가부장 체제가 그만큼 뿌리 깊고, 여자가 자신의 말을 하려면 목숨까지 걸어야 한다는 걸 알 수 있다.

안주만을 죽음으로 이끈 시는 다음과 같다.

> 나는 우울함과 비탄에 잠겨 새장 속에 갇혀 있다.
> 태어난 목적도 없고, 말을 할 수도 없다.
> 봄이 왔건만 내 날개는 접혀 날 수가 없다.
> 문을 열고 머리를 내밀어 기쁨의 시를 노래하기를 꿈꾸는 나는
> 구슬프게 울어야만 하는 아프간의 여인이다.

소설 속에서 여자가 자신의 목소리를 냈듯이, 안주만 시인도 자신의 목소리를 냈다. 그것도 골방이 아닌 광장에서. 그리고 결과는 참혹한 죽음으로 돌아왔다. 생게 사부르는 아직 깨지지 않은 것이다. 탈레반이 다시 카불을 점령하면서 여성들이 직장에서 쫓겨나고 여학교는 폐쇄됐다. 아프가니스탄 여성들의 목소리가 다시 캄캄한 동굴 속에 갇히고 있는 중이다.

이 소설을 작가가 직접 영화로 만든 〈어떤 여인의 고백〉에서 주인 공을 맡은 골쉬프테 파라하니에 대한 이야기를 잠깐 덧붙이고 싶다. 파라하니는 이란 출신의 배우로 유럽과 할리우드에서 활동 중이며, 영화 〈패터슨〉에서 시를 쓰는 운전기사의 아내 역을 맡기도 했다. 파라하니는 영화 출연 활동이 이슬람 정신에 위배된다는 이유로 자 국에서 추방당한 상태다. 파라하니가 출연한 영화의 이란 내 상영이 금지된 건 물론 가슴을 노출한 화보를 찍자 이란 정부로부터 가슴을 잘라내겠다는 협박까지 받았다. 소설 속 아프가니스탄 여인의 운명 도 가슴 아프지만 이란 여성들의 인권도 제대로 보호받지 못하는 현 실을 보며 원리주의에 빠진 종교 집단의 폭력이 얼마나 심각한지 새 삼 돌아보게 된다.

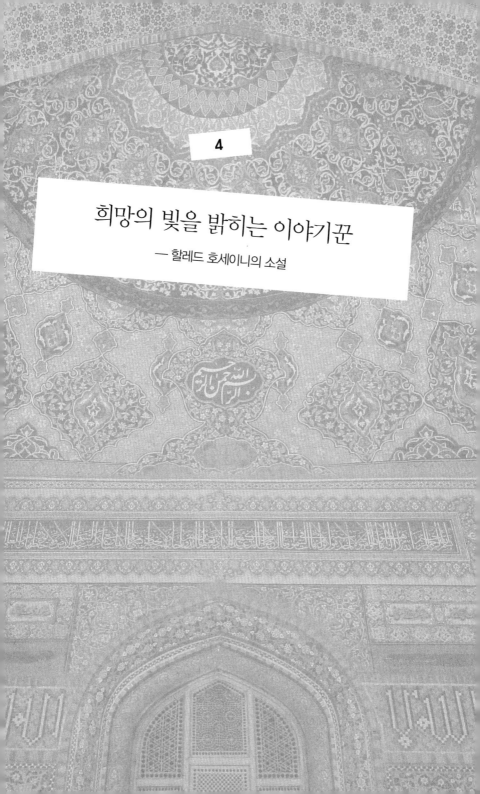

4

희망의 빛을 밝히는 이야기꾼

— 할레드 호세이니의 소설

희망의 빛을 밝히는 이야기꾼

— 할레드 호세이니의 소설

죄의식, 그리고 인간의 본질에 대한 탐구 — 『연을 쫓는 아이』

할레드 호세이니는 1965년 아프가니스탄의 카불에서 태어났다. 아버지가 외교관이라 어릴 적에 아버지의 근무처를 따라 이란과 프랑스에서 생활하기도 했다. 그러다가 소련이 아프가니스탄을 침공한 직후인 1980년에 가족 모두 미국으로 망명했다. 미국에서 고등학교를 졸업하고 대학에서 의학을 전공한 다음 의사가 되었다. 그러다 첫 번째 장편인 『연을 쫓는 아이』를 출간한 뒤 평단과 출판계의 호평을 받으면서 세계적으로 유명한 작가가 되었다. 국내에도 번역되어 100쇄 이상을 찍었을 만큼 무척 두터운 독자층을 형성하고 있다. 같은 제목으로 영화가 만들어졌으며 국내에서도 개봉했다.

나는 영화로 먼저 이 작품을 접했고, 꽤 좋은 영화라는 느낌을 받았다. 그런데 관객들의 평을 살피다 보니 책으로 읽을 때보다 감동이 덜하다는 얘기들이 눈에 띄었다. 소설은 500쪽이 넘을 만큼 제법

긴 작품이다. 당연히 영화를 만들면서 누락한 장면이 많고, 소설의 장점이랄 수 있는 세세한 심리 묘사 같은 걸 충분히 살리지 못했을 수는 있다. 그렇지만 영화만이 표현할 수 있는 장점들이 있기 마련이고, 특히 카불 시내에서 아이들이 단체로 연을 날리는 장면 같은 건 무척 인상적이었다.

소설 속 화자 아미르가 26년 전인 1975년 겨울을 회상하는 것으로 작품이 시작된다. 부유한 상인 아버지를 둔 아미르는 호화 주택에 살며 부러울 것 없는 어린 시절을 보냈다. 아미르는 그 집 하인의 아들인 한 살 아래 하산과 늘 붙어 다니며 친구처럼 지낸다. 어머니는 아미르를 낳다가 사망했고, 하산의 어머니는 하산을 낳자마자 집을 나가는 바람에 둘은 같은 유모의 젖을 먹으며 자랐다. 아미르는 아프가니스탄의 주류 세력인 파슈툰족에 부유한 집안이었고, 하산은 하층계급 취급을 받는 하자라족에다 하인이었다. 하산은 아미르를 도련님이라고 불렀다. 그래도 둘이 친하게 지낼 수 있었던 건 하산이 아미르를 충직하게 따랐기 때문이다. 아미르가 시키는 일은 아무리 못된 짓일지라도 거부하지 않았다.

사건은 연 날리기 대회 때 일어났다. 카불에서는 겨울마다 연 날리기 대회가 열렸는데, 아버지 바바를 기쁘게 해드리고 싶었던 아미르는 소망대로 우승을 차지했다. 연 날리기 대회에서 우승하는 것 못지않게 중요한 건 떨어진 상대방의 연을 주워 오는 거였고, 그렇게 주워 온 연을 집 안에 걸어두고 자랑을 삼았다. 하산은 연이 정확히 어디로 떨어지는지 알아내는 재주를 지녔고, 그날도 아미르가 우승의 기쁨을 누리고 있는 동안 떨어진 연을 주우러 달려갔다. 뒤늦게 하산을 찾으러 간 아미르는 연을 주워 오던 하산이 골목길 구석에서 아세프 일당에게 둘러싸여 있는 걸 발견했다. 아세프는 아버지 친구인 비행기 조종사의 아들이었는데, 하자라족을 경멸하는 인종주의자였다. 궁지에 몰린 하산을 구하려면 자신이 나서야 했지만 겁이 난 아미르는 숨어서 지켜보기만 했다. 결국 하산은 그 자리에서 뒤로 엎드린 채 아세프에게 성폭행을 당하고 말았다.

아미르는 비겁하고 비열했던 자신을 용서할 수 없었으나 그런 죄의식이 이상한 쪽으로 흘러갔다. 하산을 보는 게 괴롭다 보니 일부러 하산을 멀리하고, 급기야 하산에게 도둑 누명을 씌워 하산이 아버지와 함께 집에서 나가도록 만들었다. 진실과 직면할 용기를 갖추지 못한 상태에서 발동한 회피 심리가 하산은 물론 자신마저 파괴하는 악행의 결과를 낳고 말았다. 아미르는 하산에게 진실을 고백하고 속죄할 수 있을까? 소설은 아미르가 짊어진 죄의식의 문제를 집요하게 파고듦으로써 인간의 본질에 대한 탐구로 이어진다. 이 지점에서 단순히 아프가니스탄의 문제를 다룬 작품에서 인류 보편의 문제로 인식의 폭을 넓혔다는 평가를 받는다.

소련 침공 이후인 1981년 아미르는 아버지 바바와 함께 아프가니스탄을 탈출하여 미국에 정착한다. 아프가니스탄에서 상류층으로 살았던 아버지도 미국에서는 그냥 가진 것 없는 제3세계의 이주민일 뿐이었다. 아미르는 대학에 다니고, 아버지는 주유소에서 일하며 주말이면 중고품을 사다 벼룩시장에 나가 팔았다. 아버지 일을 돕던 아미르는 그곳에서 역시 아프가니스탄 출신인 소라야를 만나 사랑에 빠진다. 결혼 후 아기가 안 생겨 걱정이긴 하지만 아미르는 소설을 써서 인정받으며 안정된 생활을 한다. 그러다 2001년 6월에 받은 라힘 칸의 전화가 다시 한번 아미르의 삶을 크게 흔든다.

"오너라, 다시 좋아질 수 있는 방법이 있단다."

라힘 칸의 말이 아미르를 파키스탄으로 가는 비행기에 몸을 싣도록 했다. '좋아질 수 있는 방법'이라는 말을 사용한 건 아미르가 저지른 일과 그에 따른 죄의식을 지니고 있다는 걸 라힘 칸이 알고 있기 때문이다. 아미르는 파키스탄의 페샤와르에서 라힘 칸을 만나 그동안 몰랐던 이야기들을 듣게 된다. 바바는 카불을 떠나며 자신이 살던 집을 라힘 칸에게 맡겼고, 라힘 칸은 한동안 그 집에 살며 돌보았으나 몸이 힘들어지면서 하산을 찾아가 같이 살자고 했다. 하산은 하자라인들이 모여 사는 바미안 근처의 마을에 가서 살았고, 결혼해서 아내가 임신한 상태였다. 주저하던 하산은 임신한 아내를 데리고 바바의 집으로 왔다. 거기서 집을 관리하며 아이를 낳아 소랍이라는 이름을 지어주었다. 소랍은 아버지 하산을 닮아 새총을 잘 쏘았고, 떨어지는 연을 쫓아가서 주워 오는 것도 잘했다. 그런 가운데 탈레반 정권이 들어섰고, 건강이 악화된 라힘 칸이 파키스탄으로 진료받으러 간 사이에 바바의 집을 차지하려는 탈레반에게 하산과 그의 아내가 총에 맞아 죽었다. 라힘 칸은 자신이 파키스탄으로 떠날 때 하산이 아미르에게 전해달라고 쓴 편지를 건넸다. 편지 안에는 어린 시절에 함께했던 추억, 탈레반의 만행, 자신의 아들 소랍에 대한 이 야기가 가득했다. 편지는 이렇게 끝을 맺는다.

"언젠가 도련님이 카불로 돌아와서 어린 시절을 함께 보냈던 나라 로 다시 찾아오는 꿈을 꿉니다. 도련님이 돌아오면 충실한 옛 친구가 기다리고 있을 것입니다."

편지 안에는 아미르에 대한 원망이 전혀 담겨 있지 않았다. 하산 은 자신이 아세프에게 성폭행을 당할 때 아미르가 숨어서 지켜보고 있었다는 것도, 아미르가 자신에게 도둑 누명을 씌웠다는 것도 다 알고 있었다. 그럼에도 아미르에 대한 우정을 저버리지 않은 건 같 은 젖을 먹고 자랐기 때문일까? 하산이야말로 선한 인물의 표상이 라 할 만한데, 읽기에 따라 작위적인 설정으로 다가올 수도 있다. 아 미르와 하산 사이에는 엄연히 권력관계가 형성되어 있을 텐데, 그런 사실을 무시하고 하산의 자발적 복종을 미화한다며 작가의 몰계급 성을 비판할 수도 있겠다. 그러나 세상에는 설명할 길 없는 선한 의 지로 똘똘 뭉친 사람도 있기 마련이라는 걸 생각하면 그리 단순하게 볼 건 아니다. 작가는 계급성이 아니라 아미르가 갖게 된 죄의식과 그 이후 속죄에 이르는 길을 주된 테마로 설정하고 있다. 그런 면에 서 보면 도스토옙스키의 『죄와 벌』과 연결되는 지점을 찾아낼 수도 있지 않을까 싶다. 나아가 하자라족에 대한 편견과 차별이 잘못된 것임을 지적하며 비판하고 싶었을 수도 있겠다.

하산도 죽었는데 라힘 칸은 왜 아미르를 파키스탄까지 오라고 불렀을까? 라힘 칸은 오랜 비밀을 아미르에게 들려준다. 하산의 아버지가 실은 바바이며 따라서 둘은 이복형제인데, 하산도 그런 사실을 모른 채 죽었다는 얘기를. 아미르는 비로소 아버지가 왜 하산의 생일 선물을 그토록 챙겨주려 했으며, 자신의 거짓말로 하산 가족이 집을 나가게 됐을 때 왜 한사코 나가지 말라며 붙잡았는지 알게 된다. 바바가 아내의 죽음 이후 평생 재혼하지 않은 이유, 자신의 돈으로 카불에 고아원을 세운 이유도 자신이 저지른 죄를 갚기 위한 것임을 알게 되면서 비로소 아버지의 삶을 이해할 수 있었다. 마지막으로 라힘 칸은 아미르를 부른 이유를 말해준다. 하산의 아들 소랍이 고아원에 있으므로 카불로 들어가서 소랍을 찾아와달라는 부탁을 남긴 뒤 라힘 칸은 아무도 모르는 곳으로 떠난다.

'다시 좋아질 수 있는 방법'이 무얼 뜻하는지 알게 된 아미르는 카불로 향한다. 26년 만에 다시 찾은 카불은 아미르의 어릴 적 기억에 남아 있는 카불이 아니었다. 소련군의 철수, 곧이어 벌어진 내전, 그리고 탈레반 정권 수립 후 벌어진 야만적인 행위들로 인해 카불은 옛 모습을 찾아볼 수 없었다. 숙소로 잡은 호텔은 깨진 창문이 그대로고 온수 공급은커녕 변기마저 깨져 물이 내려가지 않았다. 아미르는 깨진 창문을 통해 별이 총총한 밤하늘을 보며 생각한다.

사람들이 아프가니스탄에 대해 하는 말이 어쩌면 맞을지도 모른다는 생각을 했다. 어쩌면 아프가니스탄은 희망이 없는 곳인지도 모른다.

희망이 없는 곳으로 돌아온 아미르에게 주어진 과업은 자신의 조카 소랍을 구하는 일이었다. 어렵게 소랍을 구해 파키스탄으로 데려왔지만 그걸로 모든 게 끝난 건 아니다. 미국으로 데려가서 입양하려 했더니 행정과 외교 절차가 너무 복잡했다. 고민 끝에 소랍에게 잠시 고아원에 가 있으면 나중에 반드시 데리러 오겠다고 했으나, 아프가니스탄에서 이미 끔찍한 고아원 생활을 거친 소랍은 절망 끝에 손목을 긋고 만다. 소랍을 미국으로 데려오는 데 성공했지만 자살 시도 사건 이후 소랍은 자기 안으로 잔뜩 웅크린 채 어떤 감정 표현도 하지 않는다. 어떻게든 소랍의 상태를 호전시켜보려 애쓰다 지쳐갈 무렵, 공원에서 열리는 아프가니스탄 집회에 소랍을 데리고 가게 됐다. 거기서 아미르는 공중에 연이 떠 있는 걸 보고 급히 가게로 가서 연을 사 온 다음 소랍의 손을 이끌고 연 날리기를 한다. 함께하자고 해도 관심 없는 척했던 소랍은 다른 연과 싸움을 붙이는 순간 눈에 생기가 돌았다.

소랍을 내려다보았다. 한쪽 입꼬리가 살짝 올라가 있다. 입 한쪽으로만 짓는 미소였다. 미소라 할 수도 없을 정도로 얇은 미소였다.

아미르는 그 순간 희망을 보았다. 그러면서 소랍에게 떨어진 상대 연을 잡아다 주겠다며 말하고는 달려나간다. 이렇게 외치면서. "너를 위해서 천 번이라도 그렇게 해주마."

어릴 적 하산이 아미르에게 해주던 말 그대로였다.

그때 너는 너 자신에게 너무 가혹했고 지금도 그렇다. 페샤와르에서 널 만났을 때 네 눈에서 아직도 그것을 볼 수 있었다. 그러나 네가 이 점을 명심하기 바란다. 양심이나 선이 없는 사람은 고통스러워하지도 않는다. 이번 아프가니스탄 여행으로 네 고통이 끝나기를 바란다.

라힘 칸의 말대로 아미르를 짓누르던 죄의식은 소랍을 통해 속죄의 계기를 마련할 수 있었다. 하지만 아프가니스탄의 상황은 어떤 희망의 계기도 마련하기 힘든 게 현실이다. 소설은 아미르가 하산에게 지은 죄로 인해 고통받고 오랜 시간에 걸쳐 속죄의 길로 나아가는 여정을 기본 축으로 삼고 있지만, 그렇게 단순한 구도로만 전개하는 건 아니다. 소설을 읽다 보면 평온했던 시절의 카불 시내 모습과 풍습은 물론, 파슈툰족과 하자라족 간의 갈등과 대립, 소년들의 우정과 의리, 아프가니스탄을 탈출하는 과정의 험난함, 외국에서 생활하는 난민들의 고난, 탈레반 점령 이후의 카불과 탈레반의 폭력 등에 대한 묘사도 세밀하고 구체적이다. 중층적인 구조 속에 어느 것 하나 대충 지나가지 않으면서 꼼꼼하고 치밀하게 묘사하며 이야기를 끌고 가는 힘이 대단하다.

호세이니의 소설은 기본적으로 휴머니즘을 바탕에 깔고 있다. 그러면서 동시에 인간이 얼마나 복잡한 존재인지를, 나약하면서도 비열한 동시에 죄의식 때문에 번민하고 구원을 희구하는 아미르를 통해 보여준다. 아울러 하산과 라힘 칸 같은 중요한 인물을 포함해 자신의 전 재산을 털어 카불에서 고아원을 운영하는 자만이나 파키스탄부터 카불까지 아미르를 안내하는 파리드처럼 선한 의지를 지닌 인간을 내세워 절망보다는 희망 쪽으로 마음을 움직이게 한다.

한 권의 소설 안에서 아프가니스탄의 모든 비극과 복잡한 문제를 다룰 수는 없다. 특히 주인공을 상류층 자녀로, 주 무대를 수도인 카불로 설정한 만큼 그런 범위를 벗어나는 부분에 대한 이야기는 다른 작품을 기다릴 수밖에 없다.

희생과 구원, 희망의 서사 ─『천 개의 찬란한 태양』

호세이니의 두 번째 장편『천 개의 찬란한 태양』은 아프가니스탄 여성들의 삶에 렌즈를 들이댔다. 아프가니스탄을 이야기하자면 여성 문제를 피해 갈 수 없다는 건 상식이고 호세이니 역시 그런 사실을 모를 리 없다.

소설 첫 문장에 나오는 낱말인 '하라미'는 이 소설의 핵심을 이룬다. 하라미는 사생아라는 뜻인데, 다른 사회도 그렇기는 하지만 이슬람 문화가 지배하는 사회에서 사생아를 낳은 여자와 당사자가 어떤 취급을 받을지는 물어보나 마나 한 얘기다. 소설은 두 여자의 기구한 삶이 축을 이루며 전개된다. 마리암은 아버지 잘릴이 가정부인 나나에게서 낳은 딸이다. 또 다른 여인 라일라는 남편이 아닌 남자에게서 딸 아지자를 얻는다. 그리고 마리암과 라일라는 같은 남편을 두게 된다. 마리암이 본부인, 라일라가 두 번째 부인이다. 두 여자를 동시에 거느린 남자는 아무런 문제가 되지 않지만 한 남자에게 속박된 마리암과 라일라에게 지워진 운명은 가혹하다.

마리암의 어머니 나나는 마리암을 "등신 같은 하라미 년"이라고 한다. 반면 아버지 잘릴은 마리암에게 "자신의 어여쁜 꽃"이라고 말한다. 잘릴은 부유한 집안에 지식도 많은 사람이고, 마리암을 만나면 온갖 세상 이야기들과 시를 들려주며 사랑을 베푼다. 하지만 그런 잘릴도 나나와 마리암을 데리고 살지는 않는다. 두 모녀는 잘릴이 사는 헤라트시에서 떨어진 외진 마을에 오두막을 짓고 산다. 나나는 그곳에서 혼자 마리암을 낳고 스스로 탯줄을 잘랐다. 그때가 1959년이었으니, 탈레반 같은 집단이 나오리라고는 생각지도 못하던 때다. 그만큼 여성에 대한 억압은 오랜 악습이었다. 잘릴은 땅도 많고 영화관도 소유하고 있으며 가게도 여러 곳 운영할 정도로 부자였다. 그런 여유 덕분에 아내가 셋이나 되고 그 사이에서 아홉 명의 자식을 얻었다. 그런 잘릴이 나나와 관계해서 임신을 시키자 아내들이 격렬하게 들고일어나는 바람에 나나는 집에서 쫓겨났다. 나나가 가정부 출신이라는 사실이 그들의 자존심을 건드렸을 것이다. 자신을 버린 잘릴에 대해 나나는 분노의 감정을 드러내곤 했다. 나나는 마리암에게 남자라는 존재에 대해 이렇게 말한다.

"내 딸아, 이제 이걸 알아야 한다. 잘 기억해둬라. 북쪽을 가리키
는 나침반 바늘처럼, 남자는 언제나 여자를 향해 손가락질을 한단
다. 언제나 말이다. 그걸 명심해라, 마리암."

그래도 마리암은 자신을 예뻐해주는 아버지가 좋다. 또 한 명 마
리암이 좋아하는 사람은 마을의 코란 선생인 파이줄라다. 파이줄라
는 마리암에게 읽기와 쓰기를 일러주고 코란도 가르쳤다. 마리암이
정식 학교에 다니고 싶다고 하자 어머니 나나가 반대한다. 학교에
가봤자 하라미라고 비웃기나 할 거라면서. 그러면서 자신에게는 단
하나의 기술만 있는데, 그건 타하물이라고 했다. 타하물이란 참는
일을 말한다. 여자에게 주어진 운명은 그저 참는 것, 그게 나나가 깨
우친 인생철학이었다.
　마리암은 아버지의 집과 영화관에도 가고, 거기서 다른 형제들을
만나보고 싶었다. 그런 말을 들은 아버지는 난처한 표정을 짓고, 어
머니 나나도 네가 가면 자신은 죽을 거라며 만류했다. 그런데도 혼
자 아버지의 집을 찾아갔다가 문전박대를 당하고 돌아오던 날 어머
니 나나는 나무에 목을 맸다. 마리암의 죄의식이 잉태되는 순간이
다. 나나가 죽은 다음 잘릴의 아내들이 마리암을 카불에 사는 구두
장이 라시드에게 시집보냈다. 라시드의 나이는 마흔 정도였고, 마리
암은 열다섯이었다.

칸다하르가 고향이자 파슈툰족인 라시드는 이슬람 교리에 충실한 보수적인 인물이어서 마리암에게 부르카(온몸과 얼굴을 가리고 눈 부위만 망사처럼 촘촘하게 구멍을 낸 옷)를 입고 다니도록 했다. 이때만 해도 여자들이 부르카를 입지 않고 다녀도 될 정도의 자유는 있었으나 마리암은 라시드로 인해 처음으로 부르카를 입어야 했다. 라시드가 부르카를 입은 마리암을 데리고 카불 시내로 나가 실크 숄을 선물로 사준 그날 밤 둘은 비로소 첫날 밤 행사를 치렀다. 얼마 후 마리암은 임신했고, 라시드는 분명히 아들일 거라며 들떠서 아기 침대를 만들고 아이가 입을 양가죽 코트를 사 오더니 친구들을 불러 자축연까지 했다. 그랬는데 불행히도 유산하고 말았다. 그 후로 4년 동안 마리암은 유산을 반복했다. 그때부터 남편은 마리암에게 폭력을 사용하기 시작했다.

1978년 4월, 쿠데타를 통해 공산 정권이 들어섰고, 그날 밤 라시드의 이웃에 사는 파리바가 라일라라는 이름을 가진 딸을 낳았다. 소설의 두 번째 주인공이 탄생한 것이다. 1987년 봄, 라일라는 아홉 살이 되었고, 소련군에 맞서 싸우기 위해 지하드(성전)에 참가했던 두 오빠가 전사했으며, 어머니 파리바는 그로 인해 폐인이 되다시피 했다. 라일라는 이웃에 사는 타리크와 남매처럼 친하게 지냈다. 타리크는 지뢰를 밟아 한쪽 발을 잃었으며, 라일라가 곤경에 처하면 오빠처럼 나서서 도와주었다. 한편 라일라의 아버지 바비는 공산 정권이 들어선 뒤 교직에서 쫓겨나 빵 공장에서 일하고 있었지만 공산 정권이 여학생들의 교육과 취업을 장려하는 부분에 대해서는 높이

평가했다.

하루는 바비가 라일라와 타리크를 데리고 바미안 석불을 보러 여행을 떠났다. 도착해서 바라본 두 개의 거대한 석불과 주변의 암벽에 들어선 동굴들의 규모는 대단했다. 불교가 번성했던 시기에는 5천여 명의 승려가 모여서 수행을 했다는 곳이다. 아래쪽 계곡에는 풍요로운 논밭이 펼쳐져 있고, 시냇가에서는 여인들이 빨래를 하고 있었다. 바비는 두 아이에게 그곳에 데려온 이유를 들려주었다.

"이곳을 떠올릴 때면 나는 늘 정적과 평화로움을 떠올린다. 나는 너희들이 그것을 체험하기를 바랐다. 나는 너희들이 조국의 유산을 보고 풍요로운 과거에 대해 알기를 바란다. 내가 뭔가를 너희들에게 가르칠 수 있다면 이것이다. 어떤 것들은 책에서 배우지. 그러나 직접 보고 느껴야 하는 것들도 있는 법이다."

1989년에 소련군이 철수하고 1992년에 나지불라 정권이 무너졌으나 정부 구성을 둘러싼 부족 간 이견으로 내전이 시작되면서 카불 시내에도 로켓탄이 날아다니기 시작했다. 카불을 빠져나가려는 사람들이 늘면서 타리크 가족이 안전한 곳을 찾아 파키스탄 쪽으로 떠난다고 했다. 느닷없는 이별을 받아들이기 힘들었던 라일라는 타리크가 떠나기 직전에 육체관계를 맺었다. 타리크는 결혼해서 함께 떠나기를 원했지만 부모를 두고 떠날 수 없었던 라일라는 타리크의 요청을 거절했고, 타리크 가족은 파키스탄을 향해 떠났다.

카불은 계속 전쟁 중이었고, 라일라는 자신이 임신했다는 사실을 알게 된다. 라일라의 가족도 위험한 카불을 떠나기로 한 날 집에 로켓탄이 떨어지는 바람에 부모가 한꺼번에 죽고 말았다. 무너진 건물 더미에 깔린 라일라를 구한 건 라시드였다. 그리고 압둘 샤리프라는 사람이 나타나서 타리크가 페샤와르로 가는 국경 근처에서 포탄을 맞고 병원 생활을 하다 죽었다는 소식을 전했다. 라일라의 절망을 파고든 라시드는 라일라를 자신의 후처로 삼았다. 라일라가 라시드를 받아들인 건 자신의 배 속에 든 아기가 타리크의 씨앗이라는 것과 그 아이가 태어나서 자랄 때 하라미라는 비난에 시달리는 걸 원치 않기 때문이다. 그렇게 라일라는 라시드의 두 번째 아내가 되었지만 본처인 마리암이 그런 라일라를 곱게 볼 리 없었다. 둘 사이의 불편한 긴장 관계가 이어지는 것과 상관없이 라일라는 딸을 낳고, 아지자라는 이름을 붙여주었다. 실망한 라시드는 폭력 성향을 드러냈고, 라일라와 마리암은 함께 라시드에 맞서면서 유대감을 형성하기 시작한다.

그 후 탈레반이 카불을 점령하면서 새로운 상황이 전개된다. 모든 문화예술 행위가 금지되고 여성들의 권리도 박탈당한다. 그런 가운데 라일라는 둘째를 임신하게 된다. 마리암은 출산을 앞둔 라일라를 데리고 여성 전용 병원을 찾아갔다. 아이가 스스로 나올 수 없는 위치에 놓여 있는 바람에 급히 제왕절개를 해야 했으나 병원에는 마취제가 없었다. 어쩔 수 없이 생살을 갈라서 얻은 아이는 아들이었고, 이름을 잘마이로 지었다. 그때부터 라시드의 모든 관심은 잘마이에게 집중되었다. 그러던 중 라시드의 가게가 불에 타는 사건이 벌어지고 생활이 어려워지면서 딸 아지자를 고아원에 맡기는 상황까지 내몰렸다.

라시드는 다행히 호텔 문지기로 취직했고, 라일라는 그곳 호텔에서 일하고 있던 타리크를 만나게 된다. 타리크가 죽었다는 건 라일라가 자포자기하도록 라시드가 꾸며낸 거짓이었다. 타리크가 자신의 집에 찾아와서 라일라와 이야기를 나누고 돌아갔다는 사실을 알게 된 라시드는 분노했다. 라시드는 아지자가 자신의 딸이 아니라는 사실을 알고 있었다고 했다. 그러면서 벨트를 손에 휘감고 버클이 있는 쪽으로 라일라를 때리기 시작했다. 마리암이 막아서자 마리암에게도 벨트를 휘둘렀다. 라시드가 아예 라일라를 죽일 작정이라는 걸 알게 된 순간 마리암은 삽으로 라시드를 쳐서 살해한다. 마리암은 라시드에게 삽을 내리치면서 27년 동안 라시드에게 모든 걸 빼앗겨왔으며, 지금 이 순간 처음으로 자신의 삶의 행로를 결정하고 있다고 생각했다. 더 이상 착취당하는 삶을 살지 않겠다는, 오래도록 자기 의지라는 걸 가질 수 없었던 아프가니스탄 여성들의 일반적인 삶에서 빠져나오겠다고 다짐하는 장면이었다.

"나는 우리의 남편을 죽였어. 네 아들에게서 아버지를 빼앗아버렸어. 내가 도망가는 건 옳지 않아."

마리암은 자신이 모든 책임을 지기로 하고 라일라에게 아이들을 데리고 도망가라고 했다. 그런 다음 마리암은 감옥에 갇혔다. 마리암이 감옥에서 만난 여자들은 하나같이 '집에서 달아나려고 했다'는 죄목으로 끌려왔다. 재판에서 사형을 선고받은 마리암은 처형장으로 가면서 이렇게 죽는 게 그리 나쁜 건 아니라고 생각했다. 천한 시골 여자의 하라미로 태어났으나 라일라와 그녀의 아이들을 통해 사랑을 주고받을 수 있었다는 사실만으로도 충분했다. 그렇게 마리암은 순교의 길을 갔다. 억압받는 아프가니스탄 여성들을 대표해서.

　타리크와 결혼한 후 파키스탄에서 살던 라일라는 미국이 탈레반을 몰아내자 카불로 돌아가고 싶었다. 카불로 가기 전에 헤라트에 들른 라일라는 마리암이 살았던 오두막을 둘러보며 마리암의 숨결을 느낀다. 카불로 돌아온 뒤 타리크는 지뢰를 밟아 다리를 잃은 사람들에게 의족을 만들어주는 프랑스 NGO에서 일하고, 라일라는 고아원에서 아이들을 가르친다. 라일라는 마리암의 무덤을 찾아가 꽃이라도 몇 송이 바치고 싶었다. 하지만 무덤은 찾지 못했고, 대신 이렇게 생각하기로 했다.

　마리암은 결코 멀리 있지 않다. 그녀는 이곳에 있다. 그들이 새로 칠한 벽, 그들이 심은 나무, 아이들을 따뜻하게 해주는 담요, 그들의 베개와 책과 연필 속에 그녀가 있다. 그녀는 아이들의 웃음 속에 있다. 그녀는 아지자가 암송한 시편, 아지자가 서쪽을 향하여 절하면서 중얼거리는 기도 속에 있다. 하지만 마리암은 대부분, 라일라의 마음속에 있다. 그녀의 마음속에서 천 개의 태양의 눈부신 광채로 빛나고 있다.

소설 제목에 들어가기도 한 '천 개의 태양'이라는 표현은 17세기의 페르시아 시인 사이브에 타브리지가 쓴 「카불」이라는 시에서 가져왔다. 카불이 과거에 얼마나 아름답고 위대한 도시였는지를 노래한 시다. 소설 안에 두 행 정도가 인용되어 있는데, 전체 시 중 일부를 소개한다.

이집트의 대상, 상인들에 의해
카불의 온 거리는 눈들을 사로잡네
지붕 위에서 희미하게 반짝이는 달들을 셀 수도 없고
벽 뒤에 숨은 천 개의 찬란한 태양들을 셀 수도 없으리

아침마다 웃음소리는 꽃들의 환희
밤의 어둠은 빛나는 머릿결을 반짝이네
지저귀는 작은 새들은 불타는 듯한 열정으로 노래를 부르네
마치 그들의 목청에서 떨어지는 열정적인 잎들처럼

마리암의 삶은 천 개의 찬란한 태양을 거느렸던 카불만큼 아름답고 위대했다. 천대받는 하라미 출신이었기에 더 빛나는 삶이었다. 한편 그런 삶의 계기가 된 건 자신 때문에 죽은 어머니 나나에 대한 죄의식과, 라일라와 함께 살면서 라일라 역시 이슬람 가부장 사회

의 피해자라는 사실을 깨달으면서 형성시킨 자매애와 연대의식이었다. 마리암의 죽음은 어머니에 대한 속죄인 동시에 아프가니스탄을 파괴한 이들의 죄를 대신 짊어지고 죽음을 받아들이는, 기독교에서 말하는 대속(代贖)과도 통하는 지점이 있다. 마리암은 자신의 죽음을 회피하지 않고 받아들임으로써 희생과 구원의 길을 걸어갔다. 마리암의 정신은 라일라가 이어갈 것이고, 그다음에는 라일라의 딸 아지자와 라일라의 배 속에 잉태된 새로운 생명에게로 전해질 것이다. 소설 마지막 부분에 라일라의 배 속에 든 아이의 이름을 짓는 장면이 나온다. 아들이냐 딸이냐에 따라 다른 이름을 지어야 하는데, 다들 남자아이 이름만 생각하고 있다. 여자아이일 경우는 이미 이름이 정해졌기 때문이다. 그 이름이 마리암일 거라는 건 작가가 굳이 말하지 않아도 충분히 짐작할 수 있는 일이다.

소설은 희망을 암시하며 끝난다. 하지만 그 후에 전개된 사건들을 통해 보고 있듯이, 평화로운 시간이 그리 오래가지 않았음은 우리가 익히 아는 사실이다. 라일라가 새로 잉태해서 낳았을 아이에게 주어진 희망의 시간은 짧았고, 대신 절망의 시간이 닥쳐왔다. 라일라의 아이도 마리암이나 라일라와 같은 삶을 살게 될까? 상상하는 것만으로도 슬픈 일이다. 카불에 다시 천 개의 찬란한 태양이 빛날 때까지는 시간이 또 한참 걸려야 할 것이다.

작가인 호세이니도 다시 탈레반이 카불을 점령하는 날이 오리라고는 생각지 못했을 것이다. 희망의 빛이 계속 이어지길 바라는 마음으로 작품을 써 내려갔을 호세이니는 지금 어떤 심정일까? 탈레반이 카불을 점령한 다음 호세이니는 CNN과의 인터뷰에서 "내가 아는 아프간 여성 활동가들은 가장 용감하고 지략과 회복력이 뛰어난 사람들"이라며, 그들의 목소리가 움츠러들 것을 염려했다. 그러는 한편 다른 나라들이 아프가니스탄 난민들에게 문을 열어줄 것도 호소했다. 호세이니는 유엔난민기구(UNHCR) 친선대사로 활동하며 여러 나라의 난민들을 지원하는 활동을 해왔다. 2015년 터키에서 그리스로 향하던 시리아 난민들이 탄 배가 전복되면서 세 살배기 소년 아일란 쿠르디의 시체가 바닷가로 밀려온 사건을 생각하며 「바다의 기도」라는 짧은 소설을 쓰기도 했다.

운명과 사랑, 그리고 아프간 현대사 ―『그리고 산이 울렸다』

앞의 두 권을 읽고 참 대단한 이야기꾼이라는 생각을 했는데, 세 번째로 나온 작품을 읽으며 이야기를 구성하고 끌어가는 솜씨가 더욱 무르익은 건 물론이거니와 세상과 인간을 보는 눈도 더 넓고 깊어졌다는 느낌을 받았다. 이런 성취는 당연히 호세이니라는 작가의 능력에 힘입은 바 크지만, 그와 함께 아프가니스탄이라는 나라가 겪어온, 그리고 지금도 겪고 있는 역사의 굴곡과 상흔이 그만큼 많은 이야기를 만들어낼 수밖에 없는 조건을 품고 있기 때문이라는 생각도 들었다.

운명과 사랑, 검질기게 달라붙는 두 낱말이 1950년대부터 2010년대를 아우르는 60년 동안의 아프가니스탄 현대사를 관통하며 호세

이니의 소설로 이어진다. 지독하리만치 집요하고 가혹했던 시간이
다. 그러면서 아프가니스탄을 넘어 프랑스, 미국, 그리스까지 무대
를 넓혀간다. 방대한 이야기는 그렇게 독자들을 끌고 다니며 고문하
고, 안타까움에 탄식하도록 만든다.

　아득히 먼 옛날, 아유브라는 농민이 살고 있는 마을에 악마가 나
타난다. 악마가 지붕을 두드리면 그 집의 아이 하나를 내줘야 하는
데, 거부하면 집안의 모든 아이를 잡아간다. 하필이면 아유브의 집
지붕을 두드린 악마 때문에 어쩔 수 없이 가장 사랑하던 막내를 내
놓게 된다. 악마는 물러갔지만 그때부터 몇 년 동안 아유브는 미쳤
다는 소리를 들을 정도로 고통과 괴로움에 빠진 나날을 보낸다. 그
러다가 큰 낫을 옆구리에 차고 악마의 요새가 있다는 산을 찾아 나
선다. 천신만고 끝에 악마가 있는 곳에 도착한 아유브에게 악마는
보여줄 게 있다고 한다. 아유브를 데리고 거대한 방으로 들어간 악
마는 유리로 된 창문 너머의 정원을 보여준다. 뜻밖에도 그곳에서는
악마가 데려온 아이들과 아유브의 막내가 행복하게 뛰어놀고 있다.
악마는 아유브의 용기를 시험해보고 싶었다고 말한다. 그러면서 악
마는 여기서 최대의 행복을 누리며 사는 막내를 가난한 마을로 데려
갈 건지 말 건지 결정하라고 한다. 아유브는 고민에 빠진다. 막내를
마을로 데려가면 자신이 그랬듯 막내 역시 평생 가난에 시달리며 살
아야 한다. 하지만 사랑스러운 막내가 없는 자신의 삶 또한 무의미
하다. 무엇이 막내를 위한 길일까? 고민 끝에 아유브는 막내를 두고

돌아 나온다. 이때 악마는 아유브에게 망각의 물을 마시도록 했고, 집으로 돌아온 아유브는 자신에게 막내가 있었다는 사실도 기억하지 못한다. 그 후 마을은 농사가 잘되어 농부도 행복하게 살았는데, 그런 가운데도 문득 슬픈 꿈의 밑자락 같은 게 자신을 훑고 가는 걸 느끼곤 한다.

이건 샤드바그라는 마을에 사는 가난한 농부 사부르가 자신의 아들 압둘라에게 들려준 이야기다. 페르시아 문화권에는 오랜 옛날부터 전해오는 이야기들이 많았고, 사부르가 아들에게 들려준 이야기도 그중 하나일 터였다. 소설 시작 부분에 소개하고 있는 이 옛이야기 속에 소설의 핵심이 들어 있다.

사부르에게는 압둘라 말고도 딸 파리와 둘째 부인인 파르와나에게서 낳은 아들 이크발이 있다. 압둘라는 일에 시달리는 부모를 대신해 여동생 파리를 갓난쟁이 때부터 보살피며 키웠고, 파리가 좋아하는 새 깃털을 얻기 위해 자신의 신발과 바꿀 정도로 파리를 사랑하고 아꼈다. 잘 때도 둘이 꼭 껴안고 잘 정도였다. 그랬던 파리를 아버지 사부르는 카불에 사는 와다티라는 부잣집에 양녀로 보낸다. 1952년, 파리가 네 살 때였다.

가난한 집에서 입을 덜기 위해 자식을 남의 집에 보내는 건 우리도 가난하게 살던 시절에 흔하게 겪었던 일이고, 그럴 때 선택되는 건 대체로 딸이었다. 와다티에게는 닐라라는 젊고 예쁜 부인이 있었는데, 아이를 낳을 수 없는 몸이었다. 와다티와 닐라의 딸이 된 파리는 이전의 기억을 지울 것을 강요당했고, 서서히 자신을 진짜 두 부부의 딸로 여기며 자랐다. 그런 다음 압둘라와 파리 이야기는 뒤로 밀려나고 다른 인물들의 삶이 다양한 스펙트럼을 이루며 소설 속에 펼쳐진다.

닐라는 문제적 인물이다. 부유한 집안에서 자랐으나 자유분방한 성격으로 이슬람 문화의 전통에 정면으로 맞서는 여성이다. 시를 쓰되 전통 율격을 무시한 자유시를 쓰면서 고귀한 사랑 대신 육체적 사랑을 찬미하고, 여성에 대한 성적 억압에 저항하며 뭇 남성들과 어울리기를 마다하지 않는다. 문제적 인물이긴 그의 남편 와다티 역시 마찬가지다. 조용한 성격에 그림 그리기를 좋아하는 와다티는 동성애자다. 아프가니스탄이라고 해서 동성애자가 없을 리 없지만 그런 인물을 소설 속에 등장시키는 건 파격이라는 말에 가깝다. 호세이니가 아프가니스탄이 아니라 미국에 살고 있어 과감하게 금기를 깨는 작품을 쓸 수 있었을 것이다. 두 사람은 결혼 후 남남처럼 지내는데, 두 사람의 정체성에 비추어보면 그런 관계가 오히려 적합했다.

"나비, 당신이었어요."

그녀가 내 귀에 대고 속삭였습니다.

"늘 당신이었다고요. 몰랐나요?"

닐라가 뇌졸중으로 쓰러진 남편 곁을 떠나 파리를 데리고 프랑스로 가기 전에 한 말이다. 나비는 와다티 집안의 요리사이자 운전수였으며, 압둘라와 파리의 외삼촌이기도 했다. 파리가 와다티와 닐라의 양녀로 들어오게 된 과정을 알고 있는 유일한 인물이고, 훗날 봉인된 진실을 풀어주는 역할을 한다. 와다티는 외로운 사람이었다. 평생 마음속으로만 나비라는 한 남자를 사랑하다 죽기 직전에야 고백해야 했던 그 지독한 외로움을 누가 이해할 수 있었을까?

2001년 미국이 탈레반을 몰아낸 직후 아프가니스탄 재건을 위해 외국에서 사람들이 카불로 몰려든다. 각종 구호단체에 속한 사람들과 의료진이 머물 숙소를 찾을 때 나비가 와다티로부터 물려받은 집을 무료로 제공한다. 이때 그리스 출신의 외과의사 마르코스 일행이 이 집에 머물며 나비와 친분을 맺는다. 그리고 죽음을 앞둔 나비가 그동안의 사연을 긴 편지로 적어 마르코스에게 전하고, 마르코스는 이 편지를 다시 프랑스에 살고 있는 파리에게 전한다. 마르코스가 전해준 편지를 통해 비로소 자신이 닐라의 친딸이 아니라는 사실을 알고, 카불을 방문해서 어릴 적에 닐라와 함께 살던 집을 비롯해 자신의 고향이었다는 샤드바그 마을도 둘러본다. 오빠인 압둘라에 대한 이야기도 듣지만 파리의 기억 속에서는 아주 흐릿하게만 존재할 뿐이다. 고향 말도 거의 잊어버린 상태라 아무리 애를 써도 기억나는 일이 없다.

소설 속에는 무척 많은 인물이 등장하는데, 작가는 이들의 삶을 한 명도 소홀하게 다루지 않는다. 누구나 복잡한 인생 곡절을 지니고 있기 마련이고, 그런 서사를 자세히 서술해줌으로써 작품에 입체성을 부여하고 있다. 각각 한 편의 독립적인 소설을 이룰 만한 이야기들이다. 그걸 하나로 묶어 큰 이야기를 만들어내는 솜씨가 상당하다.

그런 삶들 속에서 인상적으로 읽었던 대목은 두 부분이다. 하나는 파리를 데리고 와다티 곁을 떠나 프랑스 파리에 와서 살던 닐라의 삶이다. 닐라는 프랑스에서도 시인으로 활동하며 문명을 떨친다. 그럼에도 공허함에 빠져 알코올중독자가 된 닐라는 문예 잡지 기자에게 자신의 삶을 낱낱이 고백한다. 어렸을 때 필사적으로 남자들과 사랑놀이에 빠져들면서 줄곧 시를 썼으나 카불에서는 아무도 칭찬하지 않았으며, 아버지로부터는 '창녀의 헛소리'라는 말까지 들었다고 했다. 하지만 창작에 대한 충동이 너무 강해서 시를 쓰지 않으면 돌아버렸을 거라는 말을 덧붙였다. 닐라에게 있어 남자들과의 사랑, 그리고 시 쓰기는 자신의 정체성을 확인하고 지키기 위해 선택한 처절한 투쟁 방식이었다. 닐라를 통해 1950년대 아프가니스탄에 현대적인 여성들이 등장했으며, 전통 운율을 거부하고 현대시를 쓰는 이들이 있었다는 사실을 알 수 있다. 다만 그들의 작품을 구해서 읽어보기 어렵다는 건 퍽 아쉬운 일이다.

다른 하나는 무자헤딘 전사였던 퇴역 장군이 보여주는 이중성에 대한 고발이다. 여전히 사령관님으로 불리는 아델의 아버지는 지역 사회에 학교와 병원을 지어주고 자선단체에 거금을 기부하는가 하면 생활이 어려운 주민들에게 아낌없는 도움을 베푼다. 아델은 그런 아버지가 무척 자랑스럽다. 하지만 아델은 이크발의 손자로부터 아버지가 전쟁이 끝난 뒤 남의 땅을 강제로 빼앗아 부를 축적했다는 사실을 전해 듣고 혼란에 빠진다. 그런 약탈 행위를 전쟁터에 나가 희생한 행위에 대한 대가라는 식으로 합리화할 수 있는 걸까? 사부르의 아들이자 압둘라의 배다른 형제인 이크발은 퇴역 무자헤딘 사령관에게 빼앗긴 땅을 되찾고자 한다. 전쟁 때문에 샤드바그 마을을 떠나야 했던 이크발은 노인이 되어 손자를 데리고 돌아왔다. 하지만 자신이 살던 마을은 흔적 없이 사라지고 새로운 건물과 상가들이 대신 들어섰다. 사령관이 마을을 밀어버리고 시가지로 개발했기 때문이다. 이크발은 줄기차게 사령관을 만나려고 하나 번번이 경호원에게 제지당한다. 마지막 수단으로 자신이 가지고 있던 집문서를 들고 법원을 찾아갔지만, 얼마 후 판사로부터 불이 나는 바람에 집문서가 타버렸다는 말을 듣는다. 그렇게 말하는 판사의 손목에는 그동안 차고 있지 않던 금시계가 보인다. 그런 사실들을 이크발의 손자로부터 전해 들은 아델은 예전처럼 자신의 아버지를 사랑하고 존경할 수 없게 됐다는 걸 깨닫지만 자신이 아버지 덕에 누려온 안락과 기득권을 포기할 생각은 없다.

새롭게 권력을 잡은 예전의 전사들이 어떻게 타락해갔는지, 정의를 지켜야 할 법원마저 어떻게 그런 부패의 사슬에 엮여 있는지에 대한 보고서로 읽을 수 있는 삽화다.

파리를 사랑했던 오빠 압둘라는 파키스탄을 거쳐 미국으로 건너가 식당을 운영했다. 함께 식당을 운영하던 아내는 암으로 죽었고, 압둘라도 나이가 들어 뇌졸중에 더해 치매 단계까지 와 있다. 딸을 한 명 두었는데, 이름을 여동생과 똑같이 파리로 지었다. 어릴 적에 헤어진 여동생을 평생 잊지 못했던 압둘라. 어느 날 기적처럼 여동생에게서 연락이 온다. 마르코스를 통해 오빠의 존재를 알게 된 여동생 파리는 미국으로 건너와 조카 파리를 만난다. 이때 오빠 압둘라는 이미 여동생을 알아볼 만한 정신을 지니지 못한 상태였다.

> 나는 종이 나무 그늘 밑에 있는
> 슬픈 요정을 보았네

딸의 요청에 따라 압둘라는 어릴 적에 불렀던 노래 한 소절을 부른다. 하지만 뒷부분은 기억하지 못했다. 앞 소절을 들은 여동생 파리가 나머지 뒷부분을 부른다.

> 나는 어느 날 밤, 바람에 날아간
> 슬픈 요정을 보았네

페르시아어 '파리'는 요정이라는 뜻이다. '바람에 날아간 슬픈 요정'이 돌아와 부르는 노래를 듣던 순간 압둘라의 눈에 극히 짧은 순간 작은 빛이 어리긴 했으나 이내 사그라들고 말았다.

고모 파리가 떠난 후 딸 파리는 아버지를 요양원에 모시기 위해 짐을 정리하다 벽장 속에서 낯선 꾸러미를 발견한다. 종이봉투에 담긴 편지와 차를 담는 티박스를 들고 딸은 프랑스로 가서 고모를 만나 건넨다. 2007년에 아버지가 병원에서 첫 진단을 받은 다음 여동생에게 쓴 편지는 몇 개의 짧은 문장으로 되어 있다.

"그들의 말에 따르면 나는 곧 내가 빠져 죽게 될 물속으로 들어가야 한단다. 그래서 들어가기 전에 너를 위해 기슭에 이것을 남기는 거야. 동생아, 네가 언젠가 이걸 보고 내가 걸어 들어갈 때 어떤 마음이었을지 알았으면 싶어서다."

티박스를 열자 갖가지 색깔과 다양한 모습을 한 깃털들이 들어 있다. 여동생이 어린 시절에 좋아해서 모아두었던 깃털을 압둘라는 소중한 보물처럼 평생 간직하고 있었다. 그리고 이제 주인인 여동생 손에 깃털이 들어갔으나 여동생은 깃털에 대한 기억이 없다. 깃털에 얽힌 사연은 모르지만 그게 오빠가 평생 자신을 생각하고 있던 의미라는 건 안다. 60년의 세월이 흐른 뒤 결국 남매는 만났다. 그리고 압둘라의 딸은 파리 고모를 만나 드디어 고난의 시간이 끝났음을 알고 행복감을 느낀다.

소설은 평온한 잠 속으로 빠져들듯 아름답게 끝난다. 가혹한 운명과 고난의 서사로 점철되어 있음에도, 희망을 포기하지 않는 인물들의 모습을 통해 독자들에게 안도감을 주고자 했던 작가의 마음을 느낄 수 있다. 끝으로 마르코스의 어머니가 했던 말을 떠올려본다.

"마르코스, 참 우스운 얘기지만, 사람들은 대부분 거꾸로 간다. 그들은 자기가 원하는 것에 따라 산다고 생각하지. 그러나 정말로 그들을 끌고 가는 건 그들이 두려워하는 것이다. 그들이 원하지 않는 것이란 말이다."

운명은 개인이 선택할 수 있는 게 아니다. 가고자 했던 방향과 정반대로 가기도 하는 것, 파란만장이라는 말은 그래서 생겨났을 것이다. 그리고 지금 아프가니스탄의 역사는 다시 파란만장의 혼돈 속으로 빨려 들어가 있는 상태다.

2021년의 노벨문학상 수상자는 1960년대 말 난민으로 영국에 이주한 탄자니아 출신 소설가 압둘라자크 구르나였다. 구르나는 줄곧 난민들의 운명에 대한 작품을 써왔다. 구르나는 난민이라는 존재를 설명하며, 필요에 의해 온 사람들인 동시에 줄 것을 가지고 온 사람들이라고 했다. 빈손으로 온 게 아니라 재능과 활기가 넘치는 사람들로서 다른 세계에 줄 것을 지니고 있는 존재가 난민이라는 얘기도 덧붙였다. 난민을 어떻게 보아야 하는지에 대한 명쾌한 설명이자 자부심이 담긴 표현이다.

그렇다면 우리는? 2022년 3월 21일, 울산의 노옥희 교육감이 아프가니스탄 특별기여자의 자녀들 손을 잡고 초등학교 입학식장으로 데려가는 사진이 언론에 나온 걸 보았다. 그렇게 조금씩 앞으로 나아가는 건가 하는 느낌이 들었다. 소설가 김영하가 이런 말을 했다. 머잖아 지금 이 땅에 들어와 사는 다문화 출신 작가들이 등장하게 될 테고, 그들이 쓰게 될 작품들이 한국문학의 새로운 장을 열어 보일 수도 있지 않겠느냐고. 충분히 그럴 수 있을 거라는 생각에 고개를 끄덕였다.

구르나의 노벨문학상 수상 소식을 접하면서 나는 아티크 라히미와 할레드 호세이니 같은 아프가니스탄 출신 작가도 언젠가는 같은 영광을 누릴 수 있겠다고 생각했다. 두 작가는 분명 세계문학사를 풍요롭게 만들었을 뿐만 아니라 인류의 정신을 고양시키는 데도 이바지했다고 믿는다. 그것이 비록 아프가니스탄이라는 나라의 비극에서 배태된 것이라 해도. 그리고 또 언젠가는 프랑스나 미국으로 건너간 난민 작가들이 아니라 아프가니스탄 현지에 살며 위대한 작품을 그들의 언어로 써내는 작가들이 나타나줄 것을 기대하고 있기도 하다.

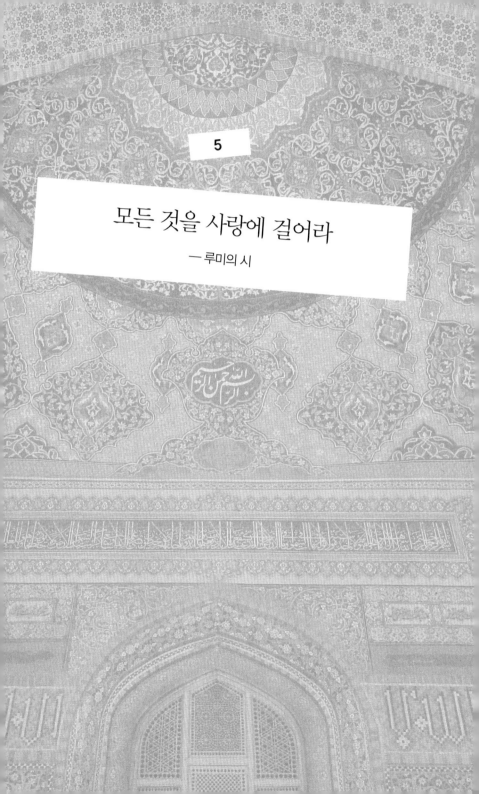

5

모든 것을 사랑에 걸어라

— 루미의 시

모든 것을 사랑에 걸어라
— 루미의 시

잘잘못에 대한 생각을

넘어선 저 멀리에

들판이 있다.

나, 그대를 그곳에서 만나리.

    호세이니의 소설 『그리고 산이 울렸다』 맨 앞에, 소설이 시작되기 전에 작가가 실어놓은 잘랄루딘 루미의 시다. 루미(1207~1273)는 13세기에 활동한 페르시아의 시인으로 아프가니스탄의 발흐 지역에서 태어났다(당시에 아프가니스탄이라는 나라는 없었고, 이란과 아프가니스탄 지역이 페르시아 제국으로 묶여 있었다). 루미의 시는 아티크 라히미의 소설에도 인용되어 있을 정도로 아프가니스탄 사람들에게 지금도 널리 읽히고 있다.

    페르시아에서는 시의 전통이 오래되었으며, 서사시와 함께 가잘

(gazal 혹은 gazel)이라고 하는 특유의 시 양식이 발전했다. 가잘은 대개 5개에서 15개의 2행 연구(聯句)로 이루어져 있으며, 사랑과 이별을 주제로 한 것들이 많다. 가잘을 잘 활용한 시인으로 하페즈(Hafez)가 유명하며, 그 밖에도 『루바이야트』를 쓴 오마르 하이얌(Omar Khayyām) 같은 시인들이 페르시아 고전 시가를 발전시켰다. 그중에서도 루미는 우뚝한 봉우리를 차지하고 있으며, 아프가니스탄 사람들이 특별히 좋아하는 시인이다.

널리 알려진 시인 말고도 이란과 아프가니스탄에는 거리에서 시를 낭송하는 시인들이 넘칠 만큼 많았다. 일상 대화 속에서도 시인들의 시 구절을 인용하는 경우가 많고, 소설 안에도 그런 장면들이 자주 나온다. 가령 『연을 쫓는 아이』에서 "자네 장모의 의료 차트 분량이 루미의 작품만큼이나 될걸. 몇 권은 나올 걸세."라고 하거나 다음과 같은 대화를 나누는 장면이 그렇다.

> "그런데 시인도 노래하지 않았소? 사랑이 끝이 없을 것 같지만 곧 고통이 찾아온다고 말이오."
> 내 얼굴에 미소가 저절로 배어 나왔다.
> "저도 그 가잘을 알고 있습니다. 하페즈 시가 맞죠?"

거리의 시인이 얼마나 많았는지를 알려주는 장면으로는 『천 개의 찬란한 태양』에 나오는 다음과 같은 대목을 들 수 있겠다.

그는 마리암이 1959년에 태어난 곳인 헤라트 시가 한때는 페르시아 문화의 요람이었고 시인들과 화가들과 수피교도들의 고향이었다고 말했다. 그는 웃으면서 이렇게 말했다.

"그때는 다리를 뻗으면 차이는 것이 시인들의 엉덩이였단다."

아프가니스탄 사람들이 루미의 시를 좋아하는 건 무엇보다 그가 아프가니스탄 영토 안에서 태어난 것도 영향을 미쳤을 법하다. 우리에게는 루미라는 시인이 낯설지만, 2007년에 루미 탄생 800주년을 기념해서 유네스코가 그해를 '세계 루미의 해'로 선포했을 만큼, 페르시아 지역을 넘어 유럽 지역에서도 위대한 시인으로 추앙받고 있다.

루미는 흔히 수피즘의 영향을 받은 신비주의 시인으로 평가받는다. 루미가 태어났을 당시에는 몽골제국이 중앙아시아를 넘어 페르시아 지역으로 세를 뻗치고 있던 터라, 루미의 가족은 정착지를 찾아 여러 곳을 떠돌았다. 루미도 젊은 시절에 메카 순례를 비롯해 페르시아 전역을 여행하며 다양한 사람들을 만나 교류하면서 구도의 길을 걸었다. 루미의 아버지가 신학자이자 법학자였던 것도 루미가 수피즘을 받아들이는 계기가 되었다. 수피즘은 이슬람의 한 종파로 금욕과 고행을 중시하고 청빈한 삶을 추구하는 경향을 지녔다. 지금도 아프가니스탄에는 수피즘의 전통이 저변에 짙게 깔려 있다.

루미는 무척 많은 시와 산문, 우화를 남겼는데, 가장 널리 알려진 건 2만 6천여 구로 이루어진 방대한 분량의 『마스나비(Mathnawi)』다.

이 작품은 페르시아어로 된 코란이라 불릴 만큼 걸작으로 대우받는다. 그건 루미의 시가 대부분 인간에 대한 신의 절대적인 사랑을 노래하고 있기 때문이다. 루미의 시를 가장 먼저 번역해서 소개한 이현주 목사는 『마스나비』를 가리켜 "수많은 보석들이 묻혀 있어서 그것들을 캐어낼 광부의 곡괭이를 기다리는 거대한 광산과도 같다."고 했을 만큼 수많은 이야기가 안에 담겨 있다.

국내에는 앞서 말한 이현주 목사의 번역본을 비롯해 몇 권의 시집과 우화집, 그리고 독일의 안네마리 쉼멜이 지은 『루미 평전 : 나는 바람, 그대는 불』이 번역되어 나와 있다. 루미의 명성과 그가 남긴 방대한 작품에 비하면 빈약하기 그지없는 출판 상황이다. 루미뿐만 아니라 우리 사회가 이슬람 문화 전반에 대해 아직 존중과 애정의 마음을 담아 접근할 준비가 안 되어 있다는 사실의 방증일 수도 있겠다.

이현주 목사가 번역한 『루미 시초(詩抄)』(늘봄, 2014)를 보다가 가장 먼저 눈에 띈 건 「여인숙」이라는 제목의 시였다.

인생은 여인숙
날마다 새 손님을 맞는다

기쁨, 낙심, 무료함
찰나에 있다가 사라지는 깨달음들이
예약도 없이 찾아온다

그들 모두를 환영하고 잘 대접하라

그들이 비록 네 집을 거칠게 휩쓸어

방 안에 아무것도 남겨두지 않는

슬픔의 무리라 해도, 조용히

정중하게, 그들 각자를 손님으로 모셔라

그가 너를 말끔히 닦아

새 빛을 받아들이게 할 것이다

어두운 생각, 수치와 악의가

찾아오거든 문간에서 웃으며

맞아들여라

누가 오든지 고맙게 여겨라

그들 모두 저 너머에서 보내어진

안내원들이니

　이 시에서 말하는 손님이 사람을 뜻하는 건 아니지만 그래도 시를 읽는 동안 먼저 떠오른 낱말은 '난민'이었다. 2018년 예멘 난민들이 제주도로 들어왔을 때 우리가 보였던 반응은 어땠나? 난민법을 폐지하고 난민협약을 탈퇴하라는 청와대 청원에 70만 명이 동의하는 걸 보고 깜짝 놀랐던 기억이 있다. 유럽 여러 나라가 난민 문제로 어려움을 겪고 있으며, 그런 소식들을 접하면서 가지게 된 두려움과 불안을 모르지는 않는다. 하지만 그건 우리 모두의 문제로 껴안으며 고민하고 바람직한 해결 방법을 모색해야 할 사안이지 난민을 몰아내는 방식으로 진행할 일은 아니라고 믿는다. 아프가니스탄이 다시 탈레반의 수중에 들어가면서 대규모 난민이 발생했을 때는 또 어땠나? 이때는 한국 정부가 중요한 역할을 하기는 했다. 특별기여자라는 이름으로 아프가니스탄 탈출 희망자 일부를 한국군 수송기를 동원해 국내로 입국시킨 것이다. 특별기여자란 우리나라 정부기관에 관여했거나 돕던 아프가니스탄 사람들과 가족들을 말한다. 이들도 엄밀히 따지면 난민이다. 하지만 난민이라는 용어 대신 '특별기여자'라는 용어를 선택한 건 우리 사회가 여전히 난민에 대해 우호적인 시선을 갖추고 있지 못하기 때문이다. 정부의 고민을 이해하지 못하는 건 아니고, 그런 식으로라도 아프가니스탄 난민을 받아들인 건 다행한 일이라고 생각한다. 그러면서도 우리 사회가 풀어야 할 숙제가 여전히 유보되고 있다는 판단을 내리지 않을 수 없다.

정현종 시인의 「방문객」이라는 시를 좋아하는 이들이 많다. 그 시에서 정현종 시인은 "사람이 온다는 건/실은 어마어마한 일"이라며 환대의 중요성을 강조했다. 하지만 그런 환대는 관념 내지는 시인의 언어 속에서만 존재하는 게 아닌가 하는 생각을 해보기도 한다. 한편 아프가니스탄에서 손님은 무조건 최선을 다해서 대접해야 한다는 생각이 뿌리 깊이 퍼져 있다는 것도 알아둘 필요가 있다. 그래서 비록 자신들은 굶더라도 손님에게는 반드시 음식을 대접하는 게 그들의 오랜 전통이다.

루미는 "그들이 비록 네 집을 거칠게 휩쓸어/방 안에 아무것도 남겨두지 않"더라도 "문간에서 웃으며/맞아들"이라고 했다. 이런 수준의 조언이나 권고는 숭고한 종교적 차원에서만 가능한 일이라고 생각될 수도 있다. 하지만 우리가 종교를 믿는다는 건 단순히 신의 보호 속에서 위안을 얻기 위함이 아니라 적극적인 선의 실천과 결합되어야 진실한 신앙이라는 사실을 생각해볼 필요가 있다. 그리고 인간 정신의 밑바탕에는 분명히 그런 숭고함이 깔려 있다는 것도 잊지 말 일이다. 그들이 우리를 "말끔히 닦아/새 빛을 받아들이게 할" 수 있는 존재로 여길 때 난민이 더 이상 거부의 대상으로 밀려나지 않게 될 것이다.

종교 지도자로 살던 루미가 시를 쓰기 시작한 건 타브리즈의 샴스를 만난 뒤부터다. 타브리즈는 이란의 남부 쪽에 있는 지역으로, 샴스가 그곳에서 왔다고 하여 흔히 타브리즈의 샴스라는 호칭을 쓴다. 낡은 차림으로 떠돌던 수도승 샴스를 만난 루미는 순식간에 그에게 빠져들었다. 자신의 집으로 샴스를 데려와 6개월 이상 함께 생활하며 그동안 해오던 종교 강의도 끊고 오직 둘이 나누는 깊은 대화와 토론으로 시간을 보냈다. 샴스가 떠나자 다시 찾아가서 데려올 정도로 루미에게 있어 샴스는 영혼의 스승이자 우정을 나눈 동반자였다. 샴스를 일러 불꽃처럼 타오르는 사람이며, 그를 본 순간 자신의 두 눈이 멀어버렸다고 할 정도였다. 샴스가 죽으면서 영영 헤어진 뒤 루미는 황홀경에 빠진 듯 열정적으로 시를 쓰기 시작했다. 대표작 중 하나로 『타브리즈의 샴스 전집』이 있는데, 자신이 곧 샴스이며 샴스가 곧 자신이라고 하면서 샴스의 목소리를 빌려 쓴 시들을 모은 것이다. 샴스에게 빙의되어 쓴 시집이자 샴스에게 바치는 헌정시집인 셈이다.

루미는 시와 노래와 춤이 하나 되는 상태를 찬양했으며, 그건 모두 신이 보내준 사랑을 위한 것이었다. '그대 진정 사람이라면 모든 것을 사랑에 걸어라'라고 할 만큼 루미 시에 있어 사랑은 영원한 주제였다. 튀르키예의 콘야에서는 해마다 12월에 '메블라나 루미 축제'를 여는데, 루미가 아프가니스탄을 떠난 후 콘야에 머물며 시를 쓰고 거기서 죽었기 때문이다. 루미의 무덤과 박물관도 그곳에 있으며, 메블라나는 '우리의 스승'이라는 뜻으로, 루미를 높여 부르기 위한 칭호다. 이 축제에서 가장 유명한 게 세마(Sema)라는 회전명상춤이다. 루미가 창안한 것으로, 긴 치마를 입고 오른팔은 하늘을, 왼팔은 땅을 향한 채 지구가 회전하는 방향으로 천천히 돌다가 어느 순간 빨라지는데, 그렇게 한 시간 이상을 춘다. 그 과정에서 춤을 추는 사람은 무아지경에 빠져들며, 그 순간 신과의 합일 상태를 경험한다고 한다.

루미는 평생을 구도자이자 사랑을 찬미하는 시인으로 살았다. 그러면서도 "내 속에는 목마르게 찾는 것을/한 번도 흡족하게/찾지 못한, 물고기가 있다"(「목마른 물줄기」)라고 할 만큼 자신이 가는 구도와 창작이 끝이 없는 길임을 알고 있었다. 사랑을 노래한 시 중에서 그의 생각을 가장 압축해서 나타낸 「오라, 오라!」라는 시가 있다.

지구상에 얼마나 많은 사람들이 있느냐.

그들이 알라에게 다가가는 길도 그만큼 많을 수밖에.

오라, 오라! 당신이 누구이든 간에!

방황하는 자, 우상 숭배하는 자, 불을 섬기는 자,

아무것도 믿지 않는 자도 모두 오라, 내게로 오라!

약속을 어기고 맹세를 백 번이나 깨뜨린 사람도 좋다.

오라, 언제든지 다시 오라.

우리의 길은 절망하는 길이 아니라 진리의 길이다.

그리고 용서하라, 또 용서하라.

나의 어머니는 사랑

나의 아버지는 사랑

나의 예언자는 사랑

나의 신도 사랑

나는 사랑의 자식

오로지 사랑을 말하고자 내가 왔음이라.

　우상 숭배하는 자도 오라고 할 만큼 신의 사랑은 크고 넓다는 것이 루미의 생각이었으며, 그래서 흔히 루미가 해석한 코란의 정신은 관용과 상생에 있다고 말하기도 한다. 관용과 상생의 밑바탕을 이루고 있는 건 당연히 신의 사랑이다. 그래서 대부분의 이슬람 신자들은 탈레반 같은 극단주의자들이 내세우는 이슬람은 진정한 이슬람이 아니라고 강조한다. 이란처럼 이슬람 원리주의가 강한 나라도 탈레반이 했던 것처럼 자국에 있는 다른 종교의 유적을 파괴하지 않는 건 그런 정신과 통하는 지점이 있다.

루미는 자신을 따르는 이들에게 일곱 가지 교훈을 남겼는데, 다음과 같다.

남에게 친절하고 도움 주기를 흐르는 물처럼 하라.

연민과 사랑을 태양처럼 하라.

남의 허물을 덮는 것을 밤처럼 하라.

분노와 원망을 죽음처럼 하라.

자신을 낮추고 겸허하기를 땅처럼 하라.

너그러움과 용서를 바다처럼 하라.

있는 대로 보고, 보는 대로 행하라.

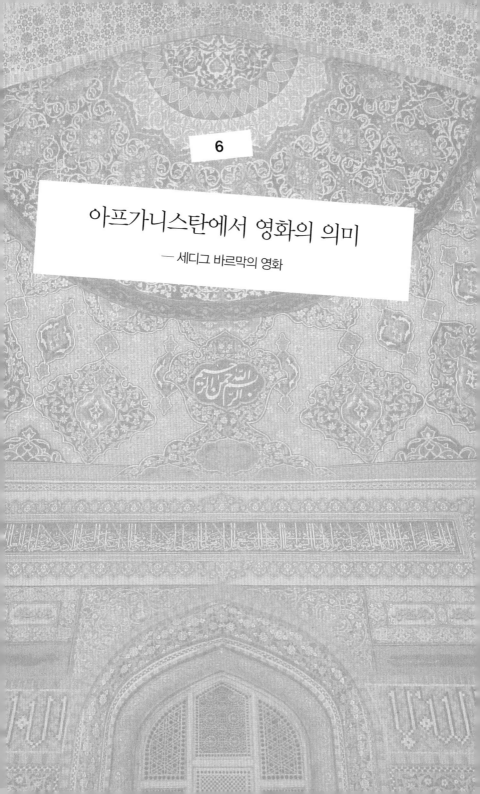

6

아프가니스탄에서 영화의 의미

— 세디그 바르막의 영화

아프가니스탄에서 영화의 의미
— 세디그 바르막의 영화

탈레반의 억압 통치에 대한 고발 — 〈천상의 소녀〉

미군에 의해 축출됐던 탈레반이 귀환해서 두 번째로 카불을 점령한 직후 앞으로는 과거의 탈레반 정권이 행했던 통치 방식과는 다를 것이며, 여성의 권리도 인정할 것이라고 발표했다. 하지만 발표 내용을 그대로 믿기는 어려웠고, 실제로 여성들의 교육과 취업을 금지시키는 쪽으로 움직이고 있다.

억압이 있으면 반드시 저항이 따르는 법. 여러 보도에 의하면 아프가니스탄의 서부 지역에 위치한 헤라트시에서 2021년 9월 2일 최초로 여성들의 시위가 있었다. 그 직후에 수도인 카불에서도 여성들이 피켓을 들고 거리로 나왔다. 시위대 중에는 몸과 얼굴 전체를 가리는 부르카를 벗고 선글라스를 낀 여성들도 있었으며, 각자 손팻말을 들었다. 그들이 내세운 건 여성에게도 자유를 달라는 것이었다. 시위대가 사용한 손팻말에는 다음과 같은 구호가 적혀 있었다고 한다.

우리는 모두 함께다. 억압을 깨뜨릴 것이다.
여성이 없는 국가는 곧 언어가 없는 곳과 같다.
여성에게 남성과 동등한 권리를 보장하라.

이런 목소리에 대한 대답은 최루탄과 공포탄이었다. 탈레반 대원들이 직접 폭행을 해서 시위 여성들이 피를 흘렸다는 기사도 있었다. 이런 소식을 알리는 기사와 사진을 보며 나는 아프가니스탄의 세디그 바르막 감독이 만든 영화 〈천상의 소녀〉(2003) 첫 장면을 떠올렸다. 영화는 탈레반을 몰아낸 뒤 처음으로 만들어진 장편 극영화로, 탈레반 통치 초기의 상황을 다루고 있다. 영화가 시작되면 구걸을 하는 소년이 등장하고 이어서 여성들이 시위를 하고 있다는 고함이 들리면서 다들 황급히 자리를 피한다. 그런 다음 부르카를 입은 여성들이 펼침막과 피켓을 들고 무리를 지어 거리를 행진하는 모습을 보여준다. 여성들은 한목소리로 이런 구호를 외치고 있다.

일하고 싶다! 일할 권리를 달라!
정치는 모른다! 우리는 배가 고프다!
일자리를 달라!

구호에서 알 수 있는 것처럼 시위 여성들은 생존권을 위해 거리로 나섰다. 탈레반이 통치하던 시기에 여성들은 모든 사회활동이 금지됐다. 남편이 있는 집이라면 남편이 돈을 벌면 되지만, 결혼했어도 남편이 없는 경우가 흔했다. 전쟁 중에 남편이 사망해서 과부가 된 여성이 많았기 때문이다. 전쟁터에서 중상을 입었거나 지뢰를 밟아 한쪽 혹은 양쪽 다리가 없는 남자도 적지 않았다. 남자들이 경제활동을 할 수 있으면 다행이지만 그렇지 않을 경우 꼼짝없이 굶어야 했다. 그런 상황에서 여성들이 탈레반의 탄압을 무릅쓰고 거리로 나선 건 그만큼 급박한 생존의 위기에 몰렸다는 얘기다. 시위 여성들은 이런 구호를 연달아 외치기도 한다.

우리는 과부다!

생존권을 외치며 시위에 나선 과부들을 향해 군인들을 태운 트럭이 요란한 소리를 내며 달려온다. 그리고 시위대를 향해 공포탄을 쏘아댄다. 놀란 시위대가 흩어지며 도망가자 물대포를 쏘기 시작하고 일부 여성들은 체포당해 끌려간다. 항의하는 여성에게는 '이단자들'이라며 몽둥이 세례가 가해진다. 이때 다른 일로 시내에 나왔다가 얼떨결에 시위대에 휩쓸린 모녀가 있었다. 가까운 집으로 급히 숨어 들어가서 열린 문틈으로 바깥의 아수라장을 바라보는 소녀의 눈에 공포가 가득하다.

딸의 엄마는 병원에서 간병인으로 일하고 있다. 하지만 병원은 정부의 지원이 없어서 엄마에게 넉 달째 월급을 지급하지 못하고 있으며 의약품도 태부족인 상태라 곧 병원 문을 닫아야 할 처지다. 엄마가 노인 환자를 돌보고 있는 중에 탈레반 병사들이 병원으로 들이닥친다. 다행히 엄마는 화를 면했으나, 다른 층에서 환자를 치료하고 있던 서양 출신 여의사가 탈레반 병사에게 붙들려서 끌려 나왔다. 서양의 여의사가 항의해보지만 역시 '이단자'라는 말만 돌아올 뿐이다. 서양 여자에게도 똑같이 이슬람의 율법 샤리아를 적용할 만큼 탈레반의 태도가 경직됐음을 알 수 있다.

엄마의 남편과 오빠는 전쟁 때 모두 죽었다. 그래서 집에는 의지할 수 있는 남자라곤 없으며, 늙은 어머니와 어린 딸을 데리고 세 식구가 살아가야 한다. 하지만 탈레반이 집권하면서 여자가 돈을 벌 수 없게 되자 당장 먹고살 길이 막막한 상태다. 엄마가 할 수 있는 거라고는 신세 한탄을 하며 눈물을 흘리는 일뿐이다.

"딸 대신 아들만 점지해주셨더라도 아들이 밥벌이를 했을 텐데, 알라는 왜 여자를 만드셨는지…."
"무슨 말이냐? 남자나 여자나 마찬가지란다. 내가 이 나이 먹을 때까지 남녀가 다르다고 생각해본 적 없다. 다 고달픈 인생이고 다 불쌍한 팔자지."

엄마와 할머니가 주고받는 말이다. 할머니의 말이 아주 틀린 건 아니다. 남자도 전쟁터에 나가 죽거나 다치는 일이 허다하므로 아프가니스탄 남자들의 운명이라고 해서 특별히 나을 것도 없긴 하다.

그렇다고 해서 아프가니스탄 여성들의 비참한 운명이 가려지는 건 아니다. 할머니가 이어서 말한다.

"남자도 면도시켜 부르카 입혀놓으면 여자처럼 보이고, 여자도 머리 자르고 바지 입혀놓으면 남자로 보이는 법. 난 머리를 자르마. 넌 애비 옷 가져다 줄여라. 내일부터 레일라는 사내아이다."

탈레반에게 걸려 죽을지도 모른다며 기겁하는 손녀를 설득하기 위해 할머니는 옛날이야기를 들려준다.

"옛날옛적에 아주 잘생긴 사내아이가 살았단다. 아버지는 일찍 돌아가셨고, 가족을 먹여살리려고 고생이 심했단다. 너무 힘이 들어서 일을 하지 않아도 되는 여자가 되게 해달라 기도했어. 어느 날 소년은 이런 말을 들었지. 무지개 밑을 지나면 소녀가 된다는 거야. 소년은 무지개가 뭔지 몰랐단다. 무지개는 우리의 위대한 영웅 로스톰이 고통과 궁핍에서 우리를 구하기 위해 주신 선물이지. 소년이 그 밑을 지나게 되면 소녀가 되고, 소녀가 그 밑을 지나가게 된다면 소년이 되지."

레일라는 할머니의 뜻대로 머리를 깎고 소년 행세를 한다. 그렇다면 레일라는 무지개 밑을 지나서 소년이 되고, 그로 인해 '고통과 궁핍'에서 벗어나 구원을 받게 될까? 그런 행복한 결말이 주어질 리 없다는 건 누구나 예상할 수 있는 일이다. 당시에 소녀가 남장을 하는 건 비교적 흔한 일이었던 모양이다. 다른 사람들의 작품에도 그런 사례가 종종 나오는 걸로 보아서 그렇다. 그런 사실을 들키게 되면 가혹한 처벌이 따르기 마련이고, 그래서 레일라는 남장을 하고 나서도 늘 불안과 공포에 시달린다.

소년이 된 레일라는 아버지의 옛 전우가 하는 식료품 가게에서 일하다 탈레반에게 끌려가 군사 훈련을 받는 학교에 들어가게 된다. 거기서 구걸하던 고아 소년 에스판디를 만나게 되는데, 에스판디는 레일라가 여자라는 걸 알고 있다. 탈레반 학교에서 동료 소년들과 코란을 암송하고 군사 훈련을 받다가 정체가 탄로 날 위험에 처했을 때 에스판디가 나서서 저 애는 오사마라는 이름을 가진 남자아이라며 변호해준다. 영화의 원 제목인 '오사마(Osama)'는 레일라의 남자 이름에서 가져왔다.

이후에도 남자아이들이 괴롭힐 때마다 에스판디가 도와주었으나 결국 여자라는 사실이 밝혀진 레일라는 샤리아 율법에 따라 죄인을 다루는 공개 처형장에 서게 된다. 먼저 서양의 기자가 사진을 찍고 다니면서 탈레반을 염탐했다는 죄목으로 사형을 선고받고 즉시 총살형을 당한다. 이어서 이교도 여자가 알라를 모욕했다는 죄목으로 투석형을 당한다. 이때 관중석에 있던 두 사람이 이런 대화를 나눈다.

"증인이 어디에 있는데?"
"알라만 아시지."

　문학과 영화로 만나는 아프가니스탄

샤리아가 이성과 합리보다는 종교 지도자의 일방적인 해석과 판단에 따라 적용되고 있다는 걸 보여주는 사례다. 이런 식으로 영화는 시종 탈레반의 만행을 고발하고 있다. 레일라의 이웃집에서 결혼 축하연을 하는 장면이 있는데, 이때 여인들이 모여서 함께 노래를 부른다.

탈레반이 우리의 행복을 앗아갔네.
탈레반은 천벌을 받으리.
탈레반은 카불을 불바다로 만들고
우릴 거리로 내몰았네.

당연히 탈레반이 없는 곳에서 몰래 불러야 하는 노래다. 마치 우리가 군사독재 시절에 숨죽여가며, 혹은 시위를 하면서 부르던 저항가요나 민중가요 같은 성격을 띤 노래가 당시 카불에서도 은밀하게 불리고 있었음을 알 수 있다.

두 사람의 처형에 이어 다음은 레일라의 차례. 공포에 질린 레일라를 끌어내더니 여자가 남장을 해서 성스러운 이슬람을 타락시켰다는 죄명으로 재판관이 판결을 내리는데, 뜻밖에도 죄를 사한다는 말이 떨어진다. 그런 다음 고아라 의지할 데가 없는 처지라는 이유를 들어 이슬람법에 따라 결혼할 것을 명령한다. 판결 전에 한 노인이 재판관에게 다가가서 레일라를 자신에게 달라는 청탁을 넣었기 때문이다. 레일라는 눈물을 흘리며 결혼 대신 집으로 보내달라고 애원하지만 통할 리 없다. 노인은 레일라를 노새가 끄는 달구지에 태우고 자신의 집으로 데려가는 동안 기쁨에 겨워 콧노래를 부른다.

> 오! 젊은 여인이여.
> 그대의 남편으로 이 몸을 받아주오.
> 사랑스러운 레일라.
> 피지도 않은 꽃봉오리.

　고작 열두 살밖에 안 된 소녀를 탈레반과 거래해서 데려가는 노인에게 도덕과 윤리 같은 고상한 가치관이 있을 리 없다. 오로지 자신의 육욕을 채우기 위한 추악함만 지닌 노인이 아무런 가책을 느끼지 않아도 되는 사회라면 생각만으로도 끔찍하다. 노인의 흥얼거림 곁에 어린 소녀의 절망이 나란히 붙어서 가고 있다. 그로테스크라는 말이 어울리는 장면이다.

　노인의 집에 도착하니 노인에겐 이미 세 명의 아내와 그 사이에서 태어난 여러 명의 자녀들이 있다. 세 명의 아내가 돌아가며 레일라에게 신부 치장을 해주면서 신세 한탄을 한다. 다들 탈레반에게 집과 땅을 빼앗기거나 전쟁 중에 가족들이 죽은 다음 노인에게 넘겨져서 강제 결혼을 하게 된 여인들이다. 한결같이 노인이 빨리 죽기만을 바라는 상태고, 그중 젊은 아내는 "알라여, 탈레반에게 저주를 내리소서."라고 말한다. 노인의 탐욕도 문제지만 탈레반이 그걸 조장하고 부추긴 주체임을 명확히 알고 있다는 얘기다. 레일라에게는 자신의 삶에 대한 아무런 선택권이 없다. 딱 하나 선택할 수 있는 건 노인이 내미는, 자신의 방을 밖에서 걸어 잠글 자물통을 어떤 걸로 할지 고르는 것뿐이다. 영화는 레일라의 운명에 조그마한 희망의 빛도 비춰주지 않은 채 끝난다. 관객 입장에서는 너무 냉혹하다 싶어 아쉬운 마음이 들 수도 있지만, 그게 현실임을 인정할 수밖에 없다.

영화 속에 두 개의 상징적인 장면이 나온다. 하나는 머리카락을 자른 다음 그걸 묶어서 화분에 꽂아두고 물을 주는 행위다. 잘린 머리카락이 다시 자랄 리 없는 거야 너무 뻔한 일이지만 그렇게라도 희망을 걸어보고 싶어 하는 레일라의 마음이 아릿한 슬픔을 안겨준다. 또 하나는 혼자 줄넘기를 하는 장면이다. 이 장면은 몇 차례 반복되며, 마지막 장면에서도 노인이 첫날밤 의례를 치르기 위해 목욕하는 동안 레일라가 무표정한 얼굴로 줄넘기를 하는 것으로 마무리한다. 줄넘기는 스스로의 힘으로 넘긴 하지만 언제나 제자리일 수밖에 없는 운동이다. 자신의 삶을 바꾸거나 지금 여기와는 다른 세상으로 건너갈 수 없는 한계, 그럼에도 끊임없이 줄을 넘는 동작의 반복. 그게 레일라의 운명임을 상징적으로 보여주는 장치다.

잊을 수는 없지만 용서하겠습니다.

영화 맨 앞에 배치한 자막으로, 남아프리카공화국의 흑인 지도자였던 만델라 대통령이 한 말이다. 감독은 왜 하필 이 말을 영화를 시작하는 입구로 삼았을까? 만델라는 백인들의 인종 분리 정책인 아

파르트헤이트에 의한 희생자이면서도, 증오와 복수가 아닌 용서를 내세웠다. 세디그 바르막 역시 탈레반에 대한 복수가 아니라 그들을 용서함으로써 고통받은 세월에 대한 치유의 길을 찾으려고 했던 걸까? 그렇다면 레일라가 줄기차게 줄넘기를 하는 것도 자신의 운명을 벗어나기 힘든 처지에 대한 은유이면서 동시에 탈레반을 용서하기 위한 자기 수행의 의미도 지니고 있는 게 아닐까 싶었다.

여성이기에 위험한 배우 마리나 골바하리

미국이 아프가니스탄에서 탈레반 세력을 몰아낸 건 2001년이다. 그 후 새로운 정부를 구성하고 탈레반이 종교를 앞세워 금지시켰던 여러 문화 행위들의 복원이 이루어지기 시작했다. 이란과 파키스탄 등지로 이주했던 사람들 수백만 명이 고국으로 돌아오면서 새로운 아프가니스탄 재건에 희망을 걸기도 했다. 여전히 남아 있는 이슬람 원리주의자들의 완고한 태도가 급격한 변화를 가로막긴 했지만 그래도 여성들이 교육받기 시작하고 문화와 방송 영역에서 변화의 꿈틀거림이 시작됐다.

그런 조건과 분위기가 2003년에 영화 〈천상의 소녀〉를 탄생시킬 수 있었다. 감독을 맡은 세디그 바르막은 1962년 아프가니스탄의 판지시르에서 나고 자랐다. 할리우드 영화를 좋아하던 아버지를 따라 어릴 적부터 영화관에 드나들었고, 이후 유학을 떠나 모스크바국립 영화학교에서 영화 연출을 공부했다. 소련이 아프가니스탄을 통치하던 시절이라 가능한 일이었다. 졸업 후 고국으로 돌아왔지만 영화를 만들 수 있는 조건이 되지 않았고, 탈레반 정권을 피해 파키스탄으로 망명했다가 탈레반이 무너진 후 다시 돌아와 영화 작업을 시작했다.

영화를 만들기로 하고 시나리오를 썼으나 실제로 촬영에 들어가는 일은 쉽지 않았다. 기존에 있던 영화 제작 시스템은 모두 망가져 있었고 카메라 등 기자재를 구하는 일부터 제작비를 마련하는 일까지 첩첩산중이었다. 이때 도움을 준 사람이 이란의 영화감독 모흐센 마흐말바프였다. 마흐말바프는 아프가니스탄 문제에 깊은 관심을 가지고 있었으며, 자신이 직접 아프가니스탄 현실을 다룬 영화 〈칸다하르〉를 만들기도 했다. 바르막은 이전부터 친분이 있던 마흐말바프에게 도움을 요청했고, 마흐말바프는 자신의 카메라를 빌려주고 일본, 네덜란드, 아일랜드 관계자들로부터 제작비 지원을 받을 수 있도록 해주었다. 그런 지원이 큰 도움이 된 건 분명하지만 그걸로는 부족했다. 아프가니스탄은 전기가 안 들어오는 곳이 많아 촬영을 하려면 낡은 발전기를 끌고 다녀야 했다. 더구나 영화 제작을 해본 사람이 거의 없다 보니 스태프를 구하는 일부터 전문 배우를 찾는 일도 어려웠다. 영화 제작을 방해하는 탈레반 옹호자들과 싸우는 일도 다반사였다.

영화는 배우가 하는 역할이 절반 이상의 비중을 차지할 정도다. 어차피 전문 배우는 구하기 어려웠으므로 감독은 직접 레일라 역할에 맞는 소녀를 찾기 위해 전국에 있는 학교와 고아원을 돌아다니며

3천 명 정도 되는 여자아이들을 만났다. 그러다가 길거리에서 껌과 신문을 파는 여자아이를 보게 되었는데, 슬픔과 절망이 고여 있는 듯한 커다란 눈망울을 보고 그 자리에서 영화 촬영을 제안했다. 그 소녀가 바로 마리나 골바하리였다. 영화에 나오는 것처럼 골바하리는 할머니, 어머니와 함께 살며 어린 나이에 경제 활동의 짐을 지고 있었다. 영화에서 레일라를 도와주는 소년 에스판디 역도 길거리에서 캐스팅했다. 에스판디 역을 맡은 아리프 헤라티는 길거리에서 떠돌아다니는 개를 잡아다 팔고 있었는데, 감독이 출연을 제의하자 자신의 개를 모두 사주면 응하겠다고 했고, 감독은 한 마리 정도는 사줄 수 있다고 했다는 일화가 전한다.

아리프 헤라티는 영화를 찍은 후 인연이 끊어졌으나 골바하리는 이후에도 계속 영화를 찍으며 배우로 활동했다. 당시 출연료로 골바하리는 14달러를 받았는데, 얼마 안 되는 액수지만 그래도 그 돈으로 흙집을 지을 수 있었다. 다행스럽게 저소득층을 위한 학교에 들어가 공부도 할 수 있게 되었다. 바르막은 영화 만드는 일을 하면서 어린이를 위한 교육 사업도 펼쳤다. 이런 교육활동 역시 이란의 마흐말바프 감독의 활동을 이어받은 것이었다.

바르막은 그렇게 만든 첫 번째 장편 영화로 세계 영화계에 이름을 올렸다. 칸영화제 황금카메라상, 골든글로브 외국어영화상 등을 받았고, 개봉 직후 부산국제영화제에도 초대받았다. 그 후 두 번째 영화 〈아편전쟁(Opium War)〉(2008)을 발표한 뒤 지금은 영화 활동을 중단한 상태다. 〈아편전쟁〉은 헬기 사고로 추락한 두 미군 병사가 양귀비를 재배하며 살아가던 아프가니스탄 가족들을 만나 벌어지는 이야기다. 아프가니스탄은 세계적인 양귀비 재배지다. 국토의 대부분이 산악지대로 이루어진 탓에 특별한 경제 활동이 어렵다 보니 너도나도 양귀비 재배에 나서고 있다. 이런 사정 때문에 정부에서도 양귀비 재배는 인정하지만 마약 흡입은 범죄로 규정하고 있다. 탈레반을 비롯해 각 부족의 군벌 세력이 양귀비 재배와 판매에 따른 수입을 자신들의 자금줄로 삼고 있다는 것도 널리 알려진 사실이다. 부산국제영화제에 〈아편전쟁〉이 초청되어 상영된 적은 있지만 아쉽게도 지금은 국내의 영화 사이트 어디에서도 찾아볼 수 없다.

탈레반이 물러나고 새로운 정부가 들어선 이후에도 이슬람 근본주의자들의 태도는 크게 변하지 않았다. 바르막 감독은 부산국제영화제에 참석해서 기자들과 인터뷰하며 아프가니스탄에서 여자가 배우를 한다는 건 자살 행위나 마찬가지라는 말을 했다. 그만큼 영화와 같은 대중예술을 퇴폐 행위로 간주하는 인습이 굳건하다는 얘기다. 골바하리도 배우로 활동하는 동안 바깥 외출을 할 때면 꼭 부르카를 착용했다고 한다. 탈레반 축출 이후 부르카를 입지 않아도 되었지만 누군가 자기 얼굴을 알아보고 테러를 가할까 두려워서 그랬단다.

이런 공포심이 괜한 우려가 아니라는 건 실제로 여성 방송 진행자가 살해된 일도 있었다는 사실로 증명된다. 글로벌 음악 채널 MTV의 아프가니스탄 판인 'Hop'에서 사회자로 활동했던 샤이마 레자이가 바로 불행한 희생의 주인공이다. 모자와 청바지 차림에 자유분방한 몸짓을 섞어 방송함으로써 젊은이들을 타락으로 이끌었다는 게 살해당한 동기였다. 샤이마는 2005년 3월에 방송국에서 해고되고 5월 18일 자신의 집에서 총에 맞아 숨졌다. 그래서 세계적으로 유명한 아프가니스탄 출신 배우나 모델, 가수들은 대부분 외국에서 활동하고 있다. 살해 협박에 시달리던 바르막 감독과 배우 골바하리도 지금은 모두 외국으로 나가 있다.

바르막 감독은 영화가 현실을 바꾸는 데 별다른 힘을 발휘하지 못한다는 생각을 갖고 있다. 그래도 당신의 영화 덕분에 세계인들이 아프가니스탄의 현실을 이해하고 비극에 공감하게 되지 않았느냐는 말에도, 그렇게 해서 조국이 변한 게 무엇이 있느냐고 반문할 정도였다. 절망감이 얼마나 깊으면 그럴까 싶어 마음이 아릴 정도다.

〈천상의 소녀〉 이후 전문배우로 활동하기 시작한 골바하리는 2015년에 다시 부산국제영화제를 찾았다. 이번에는 자신의 작품 때문이 아니라 배우 송강호와 함께 사회를 보기 위해서였다. 그사이에 결혼을 해서 남편을 통역사로 삼아 함께 왔다. 골바하리는 여전히 협박 전화가 걸려올 만큼 아프가니스탄에서 배우로 활동한다는 건 위험한 일이라고 했다. 그래도 꾸준히 활동하는 이유는 자신의 조국에선 의사든 엔지니어든 여배우든 일하는 여자들은 늘 위험한 처지에 있다는 사실을 세상에 최대한 알리기 위해서라고 했다. 그런 말과 함께 현장에서 일하는 여자들에게 일하기를 멈추지 말아달라고 부탁했다. 하지만 사정은 나아지지 않았고, 골바하리 가족도 결국 외국으로 거주지를 옮겨야 했다.

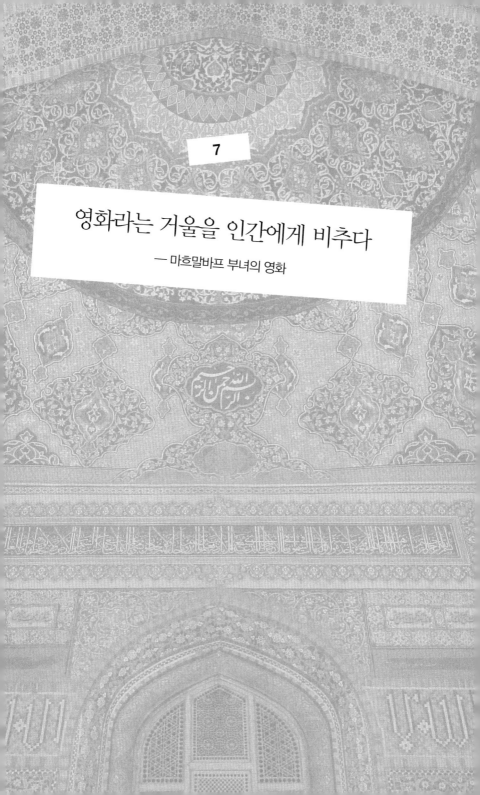

7

영화라는 거울을 인간에게 비추다

— 마흐말바프 부녀의 영화

영화라는 거울을 인간에게 비추다

— 마흐말바프 부녀의 영화

마흐말바프와 아프가니스탄

모흐센 마흐말바프는 1957년에 이란의 테헤란 빈민가에서 태어났다. 열일곱 살 때 팔레비 왕정에 반대해서 지하 이슬람 조직에 들어가 활동했으며, 경찰을 살해한 혐의로 체포되어 정치범 수용소로 끌려갔다가 1979년에 일어난 이란혁명으로 4년 반 만에 석방됐다. 그런 다음 영화인의 길을 걷기 시작했는데, 수용소에서 만난 정치범들이 자유와 정의를 외치긴 했지만 정작 자신들은 자유롭거나 정의롭지 못한 행동을 하는 걸 보며 사회 변화를 위해서는 정치보다 문화가 중요하다는 사실을 깨달았기 때문이라고 한다. 1970년대에 뉴웨이브 영화를 이끌었던 압바스 키아로스타미 등에 이어 이란의 2세대를 대표하는 감독이며, 〈가베(Gabbeh)〉(1996), 〈어느 독재자〉(2014) 등의 작품이 유명하다. 아프가니스탄의 현실을 다룬 〈칸다하르〉(2001)는 타임지가 선정한 세계 100대 영화에 선정되기도 했다.

마흐말바프는 부산국제영화제에 여러 편의 영화가 초청되면서 우리나라 관객에게도 익숙한 이름이 되었다. 2003년에 부산국제영화제가 선정한 '제1회 올해의 아시아영화인상'을 수상하면서 이름이 더 올라갔다. 부산국제영화제 초기부터 아시아 영화의 교류를 위해 애쓴 김지석 프로그래머가 '살아 있는 부처'라고 표현할 만큼 마하말바프는 감독의 역량뿐만 아니라 인간으로서도 위대한 기품을 지니고 있다는 평가를 받는다. 특히 아프가니스탄에 대한 애정이 대단한데, 이란으로 건너와 살고 있는 아프가니스탄 난민들의 삶을 가까이서 살펴볼 수 있었기 때문이다. 마흐말바프가 아프가니스탄 문제를 다룬 첫 번째 영화도 이란에 거주하는 아프가니스탄 난민의 삶을 다룬 〈사이클리스트(The Cyclist)〉(1987)였다. 이란과 인접한 아프가니스탄은 본래 페르시아 제국에 속해 있었고, 그래서 이란과 같은 언어와 문화, 종교를 공유하고 있다.

마흐말바프는 〈칸다하르〉를 찍기 위해 아프가니스탄을 다룬 모든 자료를 섭렵했으며, 직접 아프가니스탄으로 들어가 현장을 답사하고 현지인들을 배우로 섭외했다. 김지석 프로그래머가 전한 몇 가지 일화만 보아도 그가 얼마나 인류애에 충만한 감독인지 알 수 있다. 아프가니스탄에 촬영하러 들어갔다가 굶주리는 난민들을 보고 가져간 제작비를 모두 그들에게 준 다음 이란으로 돌아와 다시 제작비를 마련해서 들어갔다고 했을 정도다. 부산국제영화제에 참석했을 때는 남포동 거리에서 포탄과 지뢰로 팔다리를 잃은 아프가니스탄 어린이들을 위해 모금을 했다. 그뿐만 아니라 아프가니스탄 어린

이들의 교육을 지원하기 위한 협회도 만들어 운영했다. 이런 경험은 2001년에 이란과 아프가니스탄 접경 지역에서 유니세프를 통해 교육받는 소녀들의 모습을 담은 〈아프간 알파벳〉(2001)이라는 다큐멘터리 제작으로 이어졌다.

인간뿐만 아니라 동물을 대하는 태도도 남달라서 자신의 사무실 근처에서 굶주린 개에게 먹이를 주다 물려 광견병에 걸렸는데, 이튿날 다시 찾아온 개에게 장갑을 낀 손으로 먹이를 주었을 정도다. 마흐말바프가 아프가니스탄을 다룬 영화 중 아쉽게도 〈사이클리스트〉와 〈아프간 알파벳〉은 현재 국내에서 감상하기 힘들다.

> "탈레반은 아프간 여성들의 머리에 부르카를 씌웠으나 CNN,
> BBC 등의 대중매체는 전 세계 시청자들에게 무지의 부르카를 씌웠
> 습니다. 그들이 보여주길 원치 않으면 세상 사람들은 알 수 없습니
> 다. 나는 영화감독으로서 나의 국적은 중요하지 않습니다. 국경 없이
> 일하는 의사들처럼 국경 없는 영화감독으로 서길 원합니다. 잊혀져
> 가고 있는 아프간에 세상의 시선을 끌어들이고 싶습니다."

마흐말바프가 아프가니스탄의 현실을 알리는 영화를 찍은 이유를 설명하면서 한 말이다. 영화인이기 이전에 인도주의자인 마흐말바프는 아프가니스탄 사람들이 겪는 고통을 외면하는 서양 사람들의 방관을 줄곧 비판해왔다.

마흐말바프는 가족 전체가 영화를 만들고 있다는 사실로도 유명

하다. 자신이 직접 영화학교를 만들어 운영했는데, 일반 지망자뿐만 아니라 두 딸과 아들에게 학업을 중단하고 영화학교에 들어와 공부하도록 했다. 나중에는 아내인 마르지예 메쉬키니도 영화학교에서 공부한 다음 영화를 찍기 시작했다. 이란도 아프가니스탄보다는 덜 하지만 이슬람 원리주의가 강해서 여성들의 교육과 사회활동 참여에 부정적인 기류가 강하다. 그런 환경 속에서 딸과 아내를 동등한 인격체로 대하면서 영화를 찍도록 이끌어준다는 건 종교가 강제하는 인습의 속박을 깨고 나와야 하는 용기가 필요한 일이었다.

마흐말바프의 영화학교에서는 영화 제작과 촬영 기술뿐만 아니라 역사와 문학, 철학을 비롯해 세상을 올바로 바라보기 위한 사회과학 공부도 병행하도록 했다. 무엇보다도 인간에 대한 존중과 배려를 잊지 말 것을 강조함으로써 마흐말바프의 영화 철학이 무엇에 뿌리를 두고 있는지 알 수 있다.

2014년 제19회 부산국제영화제를 찾은 마흐말바프는 기자회견에서 자신의 영화 철학을 다음과 같이 밝혔다.

"결국 영화는 인간을 위한 것이라 생각합니다. 제 개인적인 생각은 영화를 위해서 목숨을 거는 것은 아니고, 영화를 인간을 위한 하나의 도구로 활용하는 것입니다. 그래서 좀 더 나은 세상을 만들고자 하는 것이 제 생각입니다. 영화라는 거울을 인간에게 비추어 스스로를 고치고 성찰하는 기회를 주는 것입니다."

'인간을 위한 영화학'이라고 이름 붙일 수 있겠는데, 이런 철학은 다른 가족들의 영화 작업에도 똑같이 적용되고 있다. 큰딸 사미라 마흐말바프는 〈칠판〉(2000)이라는 영화로 칸영화제 심사위원 대상을 수상했으며, 탈레반 정권 몰락 이후 아프가니스탄 여성들의 현실을 다룬 〈오후 5시〉, 전쟁으로 폐허가 된 땅에서 생존을 위해 필사적으로 매달리는 소년들을 다룬 〈두 발로 걷는 말〉(2008) 등의 영화를 만들었다. 막내딸 하나 마흐말바프는 학교에 가서 공부하기 위해 분투하는 여섯 살짜리 아프가니스탄 소녀의 하루를 영상에 담은 〈학교 가는 길〉(2007)로 산세바스티안국제영화제에서 심사위원 특별상을 받았다. 1988년생으로, 나이 스물이 되기 전에 국제영화제에서 상을 받은 최연소 감독이라는 영예를 얻기도 했다. 아내인 마르지예 메쉬키니는 〈내가 여자가 된 날〉(2000)로 부산국제영화제에 초대받았으며, 2004년에는 아프가니스탄에서 고아가 된 두 아이의 이야기를 담은 〈스트레이 독(Stray Dogs)〉을 만들었다. 아들인 마이삼 마흐말바프는 연출 대신 주로 제작, 촬영, 편집 등을 담당하고 있다. 이들 가족의 영화 인생과 철학을 담은 다큐멘터리 〈아빠의 영화학교 : 모흐센 마흐말바프〉(감독 : 하산 솔주, 2014)가 있으나, 역시 국내에서는 감상하기 어렵다.

마흐말바프 가족은 2005년 이후부터 망명 생활을 하고 있다. 이란에서 활동하는 동안 정부를 비판하고 사회 지도층의 부패를 고발하는 데 말과 글을 아끼지 않기도 했거니와 영화에서 다루는 주제들도 정권 담당자들과 이슬람 원리주의자들 눈에 좋게 보일 리 없었다.

몇 차례 테러 기도가 있기도 했고, 지속적인 감시와 탄압 때문에 이란 안에서는 자유롭게 영화를 만들기 어려웠다. 아프가니스탄과 타지키스탄, 프랑스, 영국 등을 오가며 생활해야 했는데, 나라 밖에 있다고 해서 안전한 것도 아니었다. 여러 나라를 떠도는 건 그런 이유때문이다.

KBS의 〈수요기획〉이라는 프로그램에서 '아프간으로 간 영화감독'(2003.1.29)이라는 제목으로 마흐말바프 감독 가족의 이야기를 소개한 적이 있다. 지금도 유튜브에서 찾아볼 수 있으며, 거기서 마흐말바프는 다음과 같이 말했다.

> "영화는 산업이기도 하고 예술이기도 합니다. 하지만 영화예술은 영화산업의 손에 희생되고는 합니다. 일억 달러로 만든 영화는 산업제품이 되기 쉽습니다. 그런 영화는 감동을 주는 게 아니라 관객의 주머니를 터는 사업일 뿐입니다. 오늘날 세계는 매우 정치적이고 경제적입니다. 우리는 보다 낭만적일 필요가 있습니다. 그러면 세상은 보다 천국에 가까워집니다."

희망이 보이지 않는 암흑의 시간 — 〈칸다하르〉

칸다하르는 카불에서 남서쪽으로 500킬로미터 정도 떨어져 있으며, 아프가니스탄에서 두 번째로 큰 도시다. 하지만 마흐말바프 감독의 영화 〈칸다하르〉에는 정작 칸다하르의 풍경이 나오지 않는다.

문학과 영화로 만나는 아프가니스탄

주인공인 나파스는 아프가니스탄 출신으로 캐나다로 이주해서 기자로 활동하며 살고 있다. 그러던 어느 날 칸다하르에 살고 있던 여동생이 자살할 예정이라는 편지를 받고 여동생의 자살을 막기 위해 칸다하르로 향하는 여정을 다루고 있으며, 칸다하르에 도착하기 직전에 영화가 끝난다.

영화는 픽션과 다큐멘터리를 섞어놓은 듯한 구성을 취한다. 나파스의 여정을 충실히 따라가며 나파스가 마주치는 풍경과 나파스가 겪는 일들을 그대로 카메라에 담아서 편집한 것처럼 보이기 때문이다. 나파스 역을 맡은 넬로퍼 파지라가 실제로 영화에 나오는 것과 똑같이 아프가니스탄 출신으로 캐나다에 거주하는 여자라는 것도 그런 느낌을 더해준다. 여동생의 편지에 의하면 아프가니스탄 안에서는 아무런 희망이 없기 때문에 20세기의 마지막 일식이 일어나는 날 자살을 하겠다고 되어 있다. 이런 정황으로 보아 영화 속 시점은 탈레반이 통치하고 있던 1999년이다. 그런데 나파스가 적십자 헬기를 타고 이란과 아프가니스탄 접경 지역에 도착한 건 개기일식 사흘 전이다. 이렇게 늦은 이유는 몇 가지가 있다. 우선 동생이 보낸 편지가 나파스에게 도착하는 데만 두 달이 걸렸고, 나파스가 캐나다를 떠나 아프가니스탄 국경지대에 도착하는 데 또 25일이 걸렸기 때문이다. 그 정도로 아프가니스탄은 외부 세계와 단절되어 있다. 더구나 아프가니스탄에서는 원칙적으로 서양 기자의 입국이 허용되지 않는다. 비자 발급 자체가 되지 않는 상황이라 어떻게든 길을 뚫기 위해 이란, 파키스탄, 타지키스탄을 거쳐 와야 했다. 그리고 지금 비자 없이 몰래 국경을 넘어 칸다하르까지 가야 한다.

목적지 가까이에 도착하자 사막 한가운데 몇 동의 가건물과 천막이 보이고, 헬리콥터에서 무언가를 낙하산에 묶어 지상으로 떨어뜨린다. 헬리콥터 쪽을 향해 달려오는 수십 명의 사람들. 그런데 다들 목발을 짚고 있고, 개중에는 뛰어오다 넘어지는 사람도 보인다. 헬리콥터에서 떨어뜨린 건 의족이다. 아프가니스탄에는 지뢰 사고로 다리를 잃은 사람들이 상상하기 힘들 정도로 많다. 전쟁이 남긴 참혹함을 이토록 분명하게 보여주는 장면이 있을까? 절망이라는 말 외에 다른 표현을 찾기 힘들 정도다. 의족을 떨군 다음 헬리콥터가 도착한 마을에는 학교가 있다. 교사가 여학생들을 모아놓고 말한다.

"오늘은 학교의 마지막 날입니다. 아프가니스탄에는 갈 곳이 없어요. 거긴 학교가 없으니까요. 여러분은 집에 남아 있어야만 합니다. 하지만 희망을 잃지 마세요. 아무리 장벽이 높아도 하늘은 더 높습니다. 언젠가는 세계가 이 사정을 알고 도와줄 거예요. 남이 해주지 않더라도 여러분은 단결해야 합니다."

추측건대 이 학교는 아프가니스탄 국경 바깥의 난민 캠프에 있고, 더 이상 학교를 운영할 수 없어 학생들을 모두 아프가니스탄으로 돌려보내야 하는 듯하다. "아무리 장벽이 높아도 하늘은 더 높"다고 했지만, 그건 어쩌면 잔인한 희망 고문에 지나지 않는 말일지도 모른다. 더 끔찍한 건 바로 다음에 이어지는 장면이다. 여교사가 어린 학생들에게 아프가니스탄에 들어가면 지뢰를 조심해야 한다며 지뢰 피하는 법을 가르친다. 그런데 여교사의 양손에 인형이 들려 있다. 지뢰가 있는 곳으로 유도하기 위해 인형을 놓아두는 경우가 있기 때문이다.

나파스는 녹음기를 들고 가는 곳마다 자신의 목소리로 녹음을 한다. 혹시라도 자신이 잘못되면 누군가라도 나중에 녹음된 내용을 듣고 자신이 어떤 경로를 통해 어떻게 움직이고 있었는지 알 수 있도록 하기 위해서다. 여교사가 지뢰 피하는 법을 가르치는 걸 보며 나파스는 녹음기에 대고 이렇게 말한다.

> "넌 모르는 편이 낫겠지. 아프간에서는 20년 전부터 사람이 5분에 한 명씩 죽는다는 걸. 지뢰나 전투 혹은 기아와 갈증으로. 그걸 알면 넌 5분마다 희망을 잃을 거야. 그리고 죽고 싶어 하겠지."

어린 소녀들이 지뢰를 밟도록 하려고 지뢰 위에 인형을 놓아둔다는 게 사실일까? 아무리 전쟁이 인간의 잔혹성을 적나라하게 드러내는 행위라 해도 설마 그럴 수 있을까 싶겠지만 마흐말바프 감독은 영화를 찍기 전에 사전 취재를 철저히 했다. 영화를 위해 삽입한 허구가 아닐 거라는 얘기다. 나파스의 동생 역시 그렇게 해서 다리를 잃었을 테고.

나파스는 아프가니스탄을 향해 가는 가족을 섭외한 다음 남자의 넷째 부인으로 위장해서 끼여 가기로 한다. 하지만 칸다하르까지 가는 길은 시련의 연속이다. 차를 타고 가던 중 강도를 만나 차와 물건을 빼앗기는 바람에 사막 같은 길을 걸어서 도착한 마을. 그곳에는 어린 소년들을 모아 장차 탈레반 전사로 기르기 위한 학교가 있다. 칵이라는 이름을 가진 학생은 공부를 따라오지 못해 퇴학당하고, 엄마가 찾아와서 사정해보지만 소용없다. 소년들을 탈레반 학교에 보내는 건 그곳에 가면 최소한 먹을 건 주기 때문이다. 그래서 너도나도 어린 아들을 탈레반 학교에 보내려고 한다. 종교나 이념이 아니라 생존을 위한 선택인 셈이다.

마을에 도착한 가족은 아프가니스탄은 너무 위험해서 안 되겠다며 다시 이란으로 돌아가겠다는 말을 남기고 돌아선다. 할 수 없이 나파스는 탈레반 학교에서 쫓겨난 칵에게 길잡이 비용으로 50달러를 주기로 하고 칸다하르를 향해 출발한다. 여행 중에 우물물을 마시고 탈이 난 나파스는 의사를 찾아간다. 아프가니스탄에서 성인 여자는 남자와 직접 대화할 수 없다. 나파스에 앞서 진찰을 받던 여인은 천으로 가린 장막 뒤에 있고 자신의 아이를 내세워 간접 대화를 한다. 진찰을 마친 의사는 빈혈이라며, 약 대신 커다란 빵 하나를 건넨다. 이어서 나파스를 진찰하던 의사는 상대가 영어를 한다는 걸 알고 무척 반가워하며 함께 영어로 대화를 나눈다. 그러면서 소년은 위험하니 돌려보내라고 한다. 빈곤은 무슨 짓이든 할 수 있게 만든다면서. 실제로 칵은 이런저런 핑계를 대며 나파스에게 줄곧 돈을 뜯어내려고만 했다.

소년을 돌려보낸 뒤 의사는 나파스를 마차에 태우고 가면서 자신이 미국 출신 흑인이라는 사실을 밝힌다. 무자헤딘과 탈레반에는 그들의 이념에 동화되어 제 발로 들어온 외국인들이 상당히 많았다. 아랍권의 이슬람 근본주의자들이 대다수를 차지했지만 더러 서양에서 건너온 사람들도 있었다. 사히브라는 이름을 가진 이 남자는 신을 찾아 아프가니스탄에 왔으며, 소련군에 맞서 싸우면 신을 찾을 수 있을 거라 믿었다고 했다. 소련군이 물러난 뒤에 이어진 내전에서 계속 전투를 벌이던 사히브는 어느 날 길거리에 쓰러져서 죽어가는 두 아이를 발견했다. 그때 사람들의 고통을 달래면 신을 만날 수 있을 거라는 깨달음을 얻어 의사 노릇을 시작했다고 한다. 신의 뜻은 내전에 있는 게 아니라는 걸 뒤늦게 자각한 셈이다.

함께 길을 떠난 두 사람은 캠프에서 자신의 어머니 몫으로 의족을 받아 온, 한 팔이 없는 사내를 만난다. 칸다하르까지 데려다주면 200달러를 지불하겠다는 말에 사내는 고개를 끄덕인다. 잠시 사라졌다 나타난 사내는 부르카 복장을 하고 있다. 그러면서 칸다하르까지 신부를 데려가는 무리에 섞여 가자고 한다. 다들 부르카를 입었으니 정체를 들킬 일이 없을 거라면서. 신부를 둘러싼, 여성으로 이루어진 수십 명의 무리는 노래를 부르며 칸다하르를 향해 걸어간다.

드디어 칸다하르 가까이 왔는데, 마지막 남은 건 검문소 통과다. 검문소를 지키는 경비대원들은 여성들의 부르카 안까지 샅샅이 수색하며 통과 허용 여부를 결정한다. 적격자들을 통과시킨 뒤 나파스에게 다가와 부르카를 들추고는 이름과 신분을 묻는다. 물음에 대답

한 다음 나파스가 내레이션을 하는 것으로 영화는 끝맺음을 한다.

"난 항상 아프간 여자의 감옥을 모두 피해 왔지만 오늘은 그 감옥
들 하나 하나에 다시 갇힌다. 내 여동생 단지 너를 위하여."

내레이션이 끝나면 화면은 개기일식 장면을 보여준다. 검은 점을
둘러싼 흰 빛의 테두리, 나머지 바깥은 온통 암흑이다. 마지막 장면
은 시작 장면과 똑같다. 희망을 전하기 위해 절망이 지배하는 시간
속으로 들어가고자 하는 나파스의 의지를 보여주는 동시에 여정이
쉽게 끝나지 않을 것임을 암시하기도 한다.

나파스가 무사히 칸다하르까지 갔는지, 거기서 여동생을 만나 자
살을 막을 수 있었는지는 알려주지 않는다. 영화 속에서 여동생의
존재는 그리 중요하지 않다. 로드무비 형식을 통해 나파스의 여정을
따라가며 아프가니스탄 사람들이 어떤 참상을 겪고 있는지를 보여
주려는 게 감독의 의향이었기 때문이다. 지금도 지구 어디선가는 비
참한 상황이 수없이 벌어지고 있으며, 참혹한 비명이 울리고 있음을
우리는 안다. 하지만 눈에 직접 보이지 않는 비참은 비참이 아니고,
귀에 직접 들리지 않는 비명은 비명이 아니다. 있어도 없는 것이다.
그럴 때 여기 이 장면을 보라고, 이 비명을 들어보라고 하는 사람들
이 있다. 외면하지 말라고, 외면해서는 안 된다고 호소하는 사람들
이 있다. 마흐말바프 감독이 그런 사람들 중의 한 명이다.

나파스의 여동생이 하필이면 20세기의 마지막 개기일식이 진행

될 때 자살하겠다고 한 건 상징적인 의미를 담고 있다. 21세기가 시작되고도 아프가니스탄의 참상이 이어지면 안 된다는, 그전에 어떻게든 비극을 끝낼 수 있도록 하자는 국제사회에 대한 감독의 호소로 나에게는 다가왔다. 개기일식은 달이 태양을 완전히 가려서 빛이 사라지도록 하는 자연현상이다. 암흑의 시간은 희망이 보이지 않는 시간이다. 나파스의 여동생은 아프가니스탄에서 모든 희망을 잃은 상태다. 개기일식은 그런 상태를 최종적으로 확인해주는 상징일 것이다. 나파스는 이렇게 말한다.

"내 여행의 진정 유일한 장애물은 태양이다. 참으로 부당한 경쟁 상대다. 늘 생각하는 거지만 만일 사람들이 다 각자 촛불을 밝히면 햇빛이 소용없어질 텐데."

사람들이 다 각자 촛불을 밝히는, 그렇게 마음을 하나로 모으는 게 가능할까? 가능하지 않은 일이라는 걸 알기에 자신이라도 여동생에게 달려가고자 하는 게 아닐까? 나파스는 어떻게 해서든 여동생을 만나 희망의 말을 전하려 한다. 흑인 의사가 나파스에게 자신이 뭔가 해줄 수 있는 게 없겠냐고 하자 동생을 위해서 삶이나 희망에 대해 어떤 말이든 해달라고 요청한다. 그러자 흑인 의사는 이렇게 말한다.

"우린 모두 살아갈 이유가 필요합니다. 힘든 순간마다 희망은 그 이유가 됩니다. 물론 그건 추상적인 생각이죠. 목마른 자들에게 그건 물이고, 배고픈 자들에게 그건 빵이고, 외로운 자들에게 그건 사랑이고, 완벽하게 가리워진 여성에게 희망은 언젠가 보여지는 것입니다."

부르카는 여성 억압의 대표적 상징물이다. 희망은 여동생에게만 필요한 게 아니라 나파스에게도 마찬가지다. 나파스는 아프가니스탄을 떠난 뒤 부르카를 벗었다. 그렇다고 해서 아프가니스탄이라는 나라에서 완전히 벗어난 건 아니다. 캐나다에 산다고 해서 아프가니스탄 출신이라는 사실이 말소될 리 없고, 마음과 영혼은 여전히 아프가니스탄에 묶여 있는 상황이다. 영원히 벗을 수 없는 부르카를 쓰고 있는 거나 마찬가지일 수도 있다. 더구나 지금은 스스로 부르카를 쓴 채 아프가니스탄 땅으로 들어선 참이다.

신부를 데리고 칸다하르로 가는 여성들은 모두 부르카를 썼다. 표정을 알 수 없는 여성들이 줄지어 칸다하르로 향하며 노래를 부른다. 그런데 어쩐지 결혼식을 위해 가는 행렬의 노랫소리답지 않게 구슬픈 음색을 띠고 있다. 신부를 앞세운 행렬과 나파스의 목적지가 꼭 칸다하르여야 할 이유는 없다. 수도 카불일 수도 있고, 또 다른 도시 헤라트일 수도 있다. 가야 하니까 가는 것일 뿐, 그곳이 희망의 종착지일지는 아무도 모른다. 신부는 결혼하게 되면 평생 부르카를 벗을 수 없다. 아프가니스탄 전역이 감옥이듯 여성의 신체를 가둔 부르카 역시 감옥이나 마찬가지다.

문학과 영화로 만나는 아프가니스탄

감옥 안에 갇혀 있어도 일단 살아야 한다. 생존만큼 절박한 건 없다. 그러다 보면 도덕이나 양심, 인간성 같은 건 밀쳐둘 수밖에 없다. 영화에 등장하는 인물들을 보면 순박함과는 거리가 멀다. 무덤을 파헤쳐 죽은 이의 손가락에서 빼낸 반지를 사라고 강요하는 소년 칵의 뻔뻔함이 그렇거니와, 칵의 엄마 역시 탈레반이 어떤 집단이냐가 중요한 게 아니라 아이를 학교에 보내 입을 하나 더는 게 당장 해결해야 할 과제다. 적십자 캠프에 의족을 구하러 온 이들은 남이 1년 전에 주문해놓은 의족을 무조건 자신이 가져가야 한다며 우기고 떼를 쓴다. 마지막에 나파스를 칸다하르로 인도하는, 팔 한쪽이 잘려나간 사내는 훨씬 심하다. 적십자 캠프에 매일 오면서도 처음이라고 거짓말을 한다. 그러면서 자신이 사용할 의수를 달라고 하다가 그곳엔 아예 의수가 없다고 하자 의족을 달라고 한다. 두 다리가 멀쩡하지 않냐고 하자 다쳐서 움직이지 못하는 친구에게 줄 거라고 하더니, 거절당한 후에는 어머니 의족을 달라고 한다. 하도 떼를 쓰는 바람에 임시 의족을 주자 제대로 된 의족을 달라고 매달린다. 임시 의족을 손에 넣은 사내는 나파스와 흑인 의사에게 임시 의족을 팔 테니 사 가라고 한다. 필요 없다고 하자 하는 말이 걸작이다. 아프가니스탄은 지뢰밭투성이니 예비로 의족을 갖고 있는 게 좋다는 거다. 사기꾼 스타일이지만 그래도 강도보다는 낫다. 먼 길을 가다 보면 쉽게 만날 수 있는 게 강도들이기 때문이다. 이들 강도 역시 생존을 위해 총과 칼을 들고 나섰다는 걸 생각하면 전쟁이 인간을 얼마나 그악한 상태로 내모는지 알 수 있다.

전쟁이 휩쓴 아프가니스탄의 참상은 인간의 존엄과 품위를 앗아가 버렸다. 칸다하르로 가는 길은 그래서 슬프다. 슬프면서 막막하고, 막막해서 그만 주저앉고 싶다. 하지만 개기일식이 찾아와 달이 해를 가려도 해가 영영 사라지는 건 아니다. 나파스의 말대로 해 대신 각자 촛불을 켜서 들 수도 있는 일이다. 그럴 수 있겠냐며 감독이 카메라를 들어 당신의 얼굴을 향하면 어떤 대답을 내놓아야 할까?

책으로 읽는 마흐말바프 ─『칸다하르』

누가 지금 아프가니스탄이 처한 현실과 그렇게 된 원인을 알고 싶다고 한다면 모흐센 마흐말바프가 쓴 글을 엮은 책『칸다하르』(삼인, 2002)를 권하겠다. 마흐말바프가 직접 펴낸 게 아니라 그동안 마흐말바프가 쓴 몇 편의 글을 모아서 번역한 책이다. 하지만 100쪽 남짓한 얇은 책자 안에 아프가니스탄의 현재 상황을 알려주는 가장 중요한 정보들이 담겨 있다고 해도 과언이 아닐 정도다.

이 책은 가장 많은 분량을 차지하는「아프가니스탄의 불상은 파괴된 것이 아니라, 치욕스러운 나머지 무너져버린 것이다」라는 제목의 글과 이란의 모하마드 하타미 대통령에게 보내는 공개서한 두 편, 「우리는 누구를 비난해야 하는가?」라는 글, 『뉴욕 타임스』에 실린 마흐말바프에 대한 인터뷰, 『가디언』에 실린 넬로퍼 파지아에 대한 인터뷰로 이루어져 있다. 첫 번째 글은 마흐말바프가 본인의 홈페이지에 올려둔 글로, 영화 〈칸다하르〉를 찍고 난 후에 쓴 글이다. 나머지 공개서한과 인터뷰 역시 마찬가지의 시점에 이루어졌다. 영화 〈칸다하르〉는 초기에 큰 관심을 끌지 못하다가 2001년 9월 11일 미국에서 알 카에다에 의한 세계 무역센터 폭파 사건이 벌어지면서 세계인들의 주목을 받았다. 그전까지는 아프가니스탄이 어디에 붙어 있는지도 모르는 세계인들이 대다수였다. 당연히 아프가니스탄이 겪고 있는 불행에 대해서도 관심이 없었다.

첫 번째 글은 이렇게 시작한다.

당신이 이 글을 주의 깊게 읽는 데는 아마 한 시간쯤 걸릴 것입니다. 바로 그 한 시간 동안 14명이 아프가니스탄에서 전쟁과 기아로 죽어가고 다른 60명은 아프가니스탄을 떠나 난민이 됩니다. 이 글은 이 비극과 죽음과 기아의 이유에 대해 쓴 것입니다. 이 고통스런 이야기가 당신 개인의 행복과 상관없는 것이라 생각되면 이 글을 읽지 마십시오.

마흐말바프는 아프가니스탄을 다루는 두 편의 영화를 만들면서 아프가니스탄에 대한 많은 자료를 읽었고, 직접 아프가니스탄에 들어가서 현장을 살펴봤다. 자신이 직접 목격하거나 사람들과 나눈 대화를 통해 알게 된 사실들이 글 안에 들어 있어 국제정치나 외교를 전공한 학자들의 글보다 현장감과 생생함이 잘 녹아들어 있다.

마흐말바프에 따르면 지난 20년 동안(글을 쓴 2001년 기준으로) 아프가니스탄 인구 약 2천만 명 중에서 250만 명이 살해당하거나 죽었으며, 이란이나 파키스탄에서 살아가는 아프가니스탄 난민의 수는 650만 명이다. 심각한 문제는 또 있다. 마흐말바프가 아프가니스탄에 들어가려고 국경을 통과할 때 "아프가니스탄에서는 24시간마다 7명이 지뢰를 밟습니다. 오늘 혹은 내일 그들 중 하나가 되지 않도록 조심하십시오."라고 쓴 팻말을 보았다고 한다. 적십자 캠프에 갔더니, 지뢰 제거를 위해 들어온 캐나다인들이 상황이 너무 심각한 걸 보고 그냥 돌아갔으며, 아프가니스탄 땅이 안전한 곳이 되려면 앞으로 50년 동안 아프간 사람들이 무리를 지어 지뢰를 밟아야 할 거라고 했다. 소련군과 무자헤딘과 아프가니스탄 정부군이 서로 경쟁하듯 마구잡이로 지뢰를 설치했으며, 당연히 설치 지점을 표시한 지도 같은 것도 없으니 제거 작업도 난망한 일이다.

아프가니스탄은 75%가 산악지대고, 농사를 지을 수 있는 땅은 7% 정도에 불과하다. 지하자원을 개발하려 해도 지뢰밭투성이에 제대로 된 도로 하나 없다. 더구나 정국은 늘 불안하다. 그런 상황에서 외국의 어떤 국가나 기업도 선뜻 아프가니스탄에 투자하려 하지 않는다. 마흐말바프는 아프가니스탄은 외세의 간섭으로 고통받은 것이 아니라 오히려 무관심으로 고통받았다고 말한다. 탈레반이 바미안 석불을 파괴했을 때는 너도나도 탄식하고 분노했으면서 아프가니스탄 사람들이 수없이 죽어나가고 난민으로 떠도는 상황에 대해서는 나 몰라라 하는 현실을 어떻게 받아들여야 할지 모르겠다는 거다. 아프가니스탄의 가장 큰 문제는 취약한 경제 구조와 가뭄 등으로 인해 기아에 허덕이다 죽어가는 거라고 했다. 그런 상황에서 아프가니스탄 사람들이 선택할 수 있는 건 마약 밀매꾼이 되거나 탈레반에 가입하거나 무관심 속에 방치되어 죽어가는 것밖에 없다는 게 마흐말바프의 진단이다.

아프가니스탄은 가장 많은 인구를 차지하고 있는 파슈툰족을 비롯해 타지크족, 하자라족, 우즈벡족 등으로 구성되어 있다.(그 밖에 작은 부족들이 더 있긴 하나 특별한 의미가 없을 정도다) 부족이 나뉘어 있다 보니 단일 국가로 강력하게 뭉치기보다 부족 단위로 통치하는 형태였다. 그리고 부족을 대표하는 부족장들이 로열 지르가(Royal Jirga)라는 부족 연합을 이루어 서로 견제하며 공존해왔다. 다만 파슈툰족 인구가 가장 많기 때문에 중간에 극히 짧은 기간을 제외하고는 지금까지 줄곧 파슈툰족이 절대 권력을 누려왔다.

마흐말바프가 보기에 아프가니스탄의 가장 큰 문제는 종교가 아니라 부족 간 대립이며, 그로 인해 근대적인 의미의 민족국가 내지는 국민국가를 형성하지 못하는 거라고 했다. 민족 의식보다는 부족 의식이 더 강해서 다른 부족과는 결혼은 물론 사업도 같이 하지 않는다. 그건 난민촌 안에서도 마찬가지여서 다른 부족끼리는 절대로 섞이지 않는다. 마흐말바프에 따르면 난민촌 안에서 환자를 진료할 때 위급한 환자 중심이 아니라 하루는 하자라족이 다른 하루는 파슈툰족이 진료를 받는 식이며, 영화를 찍기 위해 엑스트라를 모집할 때도 하자라족을 택할 것인지 파슈툰족을 택할 것인지 결정해야 했다고 한다. 소련군을 몰아낸 다음에도 몇 년간 내전이 이어진 것 역시 부족 간의 이해관계 때문이었다. 칸다하르를 거점으로 하는 파슈툰족이 중심이 된 탈레반도 수니파고, 그에 맞서 싸우는 타지크족도 같은 수니파지만 적대 관계를 멈추지 않는다. 소련군에 맞서 싸울 때도 각자 자기 부족 안에서 저항했을 뿐이지 부족끼리 단결해서 싸운 건 아니었다.

1919년부터 1928년까지 왕위에 있었던 아마눌라가 잠시 서양식 근대화를 추진하다 실패한 후로 어떤 형태의 근대주의도 발붙이지 못하도록 하는 역효과를 낳았다. 마흐말바프는 그런 상황에서 서양 세력은 물론 인접한 파키스탄이나 아랍 국가들이 경제 지원 대신 자신들의 이해관계에 따라 무장 집단들에게 무기를 지원해온 걸 강력하게 비판한다. 그러다 보니 아프가니스탄에 넘쳐나는 현대식 물자는 무기밖에 없으며, 너도나도 군대에 들어가는 게 생존과 식량을 확보하는 길이 되었다는 것이다. 그래서 정말 아프가니스탄을 위한다면 무기가 아니라 경제 지원이 절실하다고 주장한다. 아프가니스탄이 전 세계 마약의 약 50%를 공급하는 기지 역할을 하고 있는 문제도 마찬가지다. 아프가니스탄에서 외부에 팔아 외화를 벌어들이는 건 양귀비와 일부 지역의 가스 정도다. 마흐말바프는 양귀비 문제에 대해 몇 페이지에 걸쳐 서술하고 있는데, 다른 나라들이 아프가니스탄의 양귀비 재배와 마약 밀매에 대해 소극적인 건, 유통 과정에서 이득을 보는 세력이 있기 때문이다.

마흐말바프는 계속 탄식하고 분노한다. 그러면서 자신도 뚜렷한 답을 내놓지 못하는 상황에 대해 절망한다. 헤라트시에 갔을 때 "죽은 사람들이 온 거리를 마치 카펫처럼 뒤덮고 있는 것을 보"고는 영

화 만드는 일을 그만두고 싶다는 생각이 들었단다. 마흐말바프의 무
력감은 글 마지막 부분에 나오는, 자신도 바미안의 석불처럼 치욕
감을 못 이겨 차라리 무너져 내리고 싶다는 말로 이어진다. 그러면
서도 포기하지 못하고 아프가니스탄 문제에 매달리는 이유는 뭘까?
아래 문장에 답이 나타나 있다.

　　나는 왜 영화를 만들고 이 글을 쓰는가? 나는 모른다. 그러나 파스
　　칼이 이렇게 말했다. "이성이 모르는 이유를 마음이 알고 있다."

　인간에게 마음이 있다는 건 얼마나 위대한 일인가? 마흐말바프는
마음이 시키는 대로 영화를 찍고 글을 썼다. 그러면서 같은 마음을
가진 사람들에게 호소하고자 했다. 아니, 다른 마음을 갖고 있는 사
람에게도 같은 호소를 하고 있다. 이란 대통령에게 보낸 공개서한의
하나는 이란에 머물고 있는 아프가니스탄 난민들을 자국으로 추방
하려는 정책을 철회해달라는 것이고, 다른 하나는 아프가니스탄 난
민 어린이들이 교육받을 수 있도록 지원해달라는 내용이다.
　아프가니스탄에서는 탈레반 점령 이전에도 여성의 95%, 남성의
80%가 교육을 받지 못했다. 탈레반 점령 이후에는 여성 100%가 교
육을 받을 수 없었다는 건 다 아는 사실이다. 마흐말바프는 아프가
니스탄의 미래가 교육에 달려 있다고 보았다. 외세의 개입은 아무런
도움이 되지 않으며 아프간인들 스스로 자신의 운명을 개척해가야
하는데, 그러자면 교육을 통해 다른 문화를 접하고 익히면서 근대문

명의 세계로 나아가야 한다는 거였다. 이란 대통령을 설득하기 위해 마흐말바프는 '이란 학교에서 교육받은 모든 아프간 난민 어린이는 두 나라 간의 문화와 우정의 대사로 행동할 것'이라는 점을 강조했다. 유네스코에서도 지원금을 보내주면서 돕기로 했으니 문맹 퇴치 프로그램에 협조해달라는 마흐말바프의 호소는 결국 이란 대통령의 마음을 움직였다. 2002년 2월 1일에 아프간 어린이들의 교육을 금지하는 법이 철회되었으며, 거주 허가증이 없는 아프간 어린이들도 교육받을 수 있는 권리를 부여했다. 이후에도 마흐말바프는 계속 아프간 어린이들의 문맹 퇴치 프로젝트를 진행했으며, 이 운동은 아프가니스탄의 영화감독 세디그 바르막에게로 이어졌다.

영화 〈칸다하르〉에서 흑인 의사로 나오는 하산 탄타이가 테러리스트였다는 비난이 나온 적이 있었다. 처음 문제를 제기한 건 『워싱턴 타임스』라는 미국의 우파 신문이었다. 하산 탄타이가 무자헤딘에 가담했으며, 이란의 비밀경찰인 사바크 요원을 살해했다는 내용이었다. 이 기사는 이란에도 소개되어 주변 사람들이 그런 사실을 알고 있었는지 물어오는 일이 생겼다. 「우리는 누구를 비난해야 하는가?」라는 제목의 글은 그런 비난에 대해 답하는 내용이다. 하산 탄타이가 실제로 테러리스트였는지에 대한 근거가 부족하다는 점을 짚은 다음, 만일 그렇다 할지라도 문제 될 게 없다는 게 마흐말바프의 입장이었다. 그러면서 몇 가지 질문을 던진다. 자신이 어릴 적에 비밀경찰에게 체포되어 고문당하는 바람에 100일이나 경찰 병원 신세를 겼고 지금도 큰 상처가 네 개나 있는데, 가해자 세 명이 미국에 망명해서 잘 살고 있는 건 왜 문제 삼지 않는가? 수백만 명에 달하는 아프가니스탄의 사망자와 난민에 대해서는 왜 보도하지 않는가? 탈레반 정권이 들어서도록 만든 데 책임져야 할 사람들을 왜 법정에 세우지 않는가?

마흐말바프는 하산 탄타이와 함께 영화를 촬영하면서 그가 매우 격조 높은 사람인 걸 알게 됐으며, 다른 사람들도 그의 품성과 신념에 매혹됐다고 말한다. 미국 흑인이 아프가니스탄에 건너와 무자헤딘에 가담해서 소련군과 싸웠고, 그러다가 폭력으로는 인간의 문제를 풀 수 없다는 걸 깨닫고 인도주의자로 변했다면 그건 폭력을 숭상하는 정치 권력자들보다 도덕적으로 우위에 있는 사람이라고 말했다.

넬로퍼 파지라와 진행한 인터뷰에는 그녀에 대한 정보들이 담겨 있다. 파지라는 카불에서 의사인 아버지와 페르시아 문학을 가르치는 어머니 사이에서 태어났다. 공산 정권이 들어선 뒤 정부에 비판적이던 아버지는 몇 차례 감옥 생활을 했고, 파지라가 열여섯 살이 되던 해에 파키스탄을 거쳐 캐나다로 이주했다. 파지라에게는 카불에서 절친한 사이였던 디아냐라는 친구가 있었고, 계속 연락을 주고받았다. 그러다가 은행에서 근무하던 디아냐가 쫓겨나서 집안에만 있게 되면서 우울증에 걸렸다. 파지라는 친구가 자살하는 게 아닐까 걱정돼서 아프가니스탄 국경이 있는 이란으로 왔으나, 아프가니스탄으로 들어가지 못하고 대신 마흐말바프를 찾아가서 도움을 청했다. 이때만 해도 마흐말바프는 준비가 되어 있지 않았고, 그로부터 1년 후에 마흐말바프가 다시 파지라에게 연락해서 도움을 요청했다. 그러면서 파지라의 사연을 각색해서 영화를 찍자고 했고, 영어와 아프간어를 동시에 사용할 수 있는 파지라가 직접 배우로 출연하게 되었다. 영화를 찍기 전 딱 한 번 부르카를 써봤다는 파지라는 부르카를 쓰고 영화를 찍는 동안 숨을 쉬기 어려웠다고 한다. 나중에는 차츰 익숙해졌지만 처음에는 앞도 잘 안 보이고 부르카에 걸려 넘어지기 일쑤였단다. 또한 파지라는 부르카를 쓰고 있는 동안 자신이 무능력하게 여겨지면서 자신감을 잃는 경험을 했다고 한다. 부르카가 얼마나 여성들을 순응하는 존재로 만드는지 알려주는 얘기다. 극 중 배역 이름을 '숨쉬다'라는 뜻을 가진 나파스로 정한 건 그런 의미에서 꽤 상징적인 작명이라 하겠다.

영화 〈칸다하르〉에 폭력의 결과물은 나와도 직접 폭력을 행사하는 장면은 하나도 나오지 않는다. 감독과 파지라는 영화를 찍으면서 절대 폭력적인 장면은 넣지 말기로 했다고 한다. 사람들이 영화를 보면서 아프가니스탄을 더 잘 이해하면서 인도주의적인 아이디어들을 끌어내면 좋겠다는 의미에서였다.

영화를 찍고 나서 아쉬움이 남았던 파지라는 나중에 자신이 직접 아프가니스탄으로 친구 디아냐를 찾아가는 여정을 담은 다큐멘터리 〈칸다하르로의 귀환(Return to Kandahar)〉을 찍었다.

학교에 가기 위한 소녀의 분투 ─〈학교 가는 길〉

영화 〈학교 가는 길(Buddha Collapsed Out Of Shame)〉(2007)은 모흐센 마흐말바프의 막내딸 하나 마흐말바프가 연출한 작품이다. 하나 마흐말바프는 열네 살 때 이미 다큐멘터리 〈광기의 즐거움〉(2003)을 찍었는데, 언니인 사미라 마흐말바프가 영화 〈오후 5시〉(2003)에 출연할 연기자들을 찾기 위해 길거리에서 캐스팅하는 과정을 카메라에 담았다. 그때 출연 요청을 받은 아프가니스탄 사람들이 공통적으로 드러낸 반응에서 하나 마흐말바프는 '두려움'을 읽었고, 그렇게 두려운 반응을 보이는 모습을 통해 아프가니스탄 여성들의 인권과 삶을 들여다보는 작업을 했다. 이 작품이 베니스영화제 비평가 주간에 초대받음으로써 최연소 국제영화제 참여 감독이 되었다.

〈학교 가는 길〉은 열아홉 살 때 찍은 장편 극영화다. 원제는 영어에 나와 있는 것처럼 '불상은 수치심 때문에 무너져 내렸다'인데, 국내 상영을 하며 지금의 제목으로 바뀌었다. 그리고 원제는, 앞글에서 밝힌 것처럼 아버지 모흐센 마흐말바프가 바미안 석불이 무너진 걸 보고 표현했던 말이다.

영화는 바미안 석불이 탈레반에 의해 파괴되어 무너지는 장면으로 시작한다. 바미안은 카불 북서쪽 힌두쿠시 산맥의 계곡에 있는 불교 유적지다. 이곳 암벽에 각각 30미터와 50미터가 넘는 높이의 거대한 석불 두 개가 있었다. 쿠샨 왕조가 다스리던 6세기경에 축조된 것으로 추정되며, 당시 바미안은 불교의 중심지였다. 중국과 인도의 불교 신도들이 모여들던 곳이기도 하고, 혜초의『왕오천축국전』에도 소개되어 있을 만큼 유서 깊은 불교 유적이다. 탈레반이 집권하면서 우상을 숭배하고 이슬람을 모독한다며 이들 유물을 파괴한다고 했을 때 국제사회는 물론 파키스탄과 이란 같은 주변 이슬람 국가들마저 말렸지만 탈레반은 로켓탄으로 석불을 파괴해버렸다. 모흐센 마흐말바프가 불상이 수치심 때문에 무너져 내렸다고 한 건, 포탄이라는 물리적 힘 때문이 아니라 인간이 저지른 악행이 너무 수치스러워서 스스로 무너지는 걸 택했다는 의미를 담고 있다.

석불 주변에는 수백 개의 석굴이 있다. 그리고 석굴마다 지금도 사람들이 살고 있다. 그곳에 박타이라는 여섯 살짜리 소녀가 살고, 옆집에는 소년 압바스가 산다. 압바스는 학교에 다니지만 박타이는 집에서 어린 동생을 돌보며 학교에 다니는 압바스를 부러워한다. 아기가 자고 있으니 시끄럽게 책을 읽지 말라고 하지만 압바스는 개의치 않고 소리 내어 교과서를 읽는다.

나무 밑에서 남자가 자고 있었습니다. 남자 머리 위로 호두 알이 떨어졌습니다. 남자가 벌떡 일어나 말했습니다.

"천만다행일세. 호박이 떨어졌으면 난 죽었을 거야."

압바스가 읽고 있는 교과서 속 이야기를 들으며 박타이는 자기도 글을 배워서 책을 읽고 싶다는 열망에 사로잡힌다. 압바스에게 자기도 학교에 데려다달라고 하지만 압바스는 그러려면 우선 공책과 연필부터 있어야 한다고 말한다. 마음이 급한 박타이는 엄마를 만나서 돈을 타내려고 하지만 일을 하러 간 엄마는 아무리 찾아다녀도 보이지 않는다. 그러던 중 가게에 들러 공책이 10루피, 연필깎이와 지우개가 20루피라는 사실부터 알아낸다. 엄마를 찾지 못하고 다시 집으로 돌아오자 압바스는 장에 내다 팔 물건이 있느냐고 묻는다. 여기서부터 박타이가 학교에 가고자 하는 가상하고 눈물겨운 노력이 시작된다.

닭장에서 달걀 네 알을 꺼낸 박타이는 한 손에 두 알씩 모두 네 알을 들고 씩씩하게 장으로 향한다. 먼저 학용품 가게에 들러 달걀을 내밀지만 달걀을 한 알에 5루피씩 받고 판 다음 돈을 가져오라고 한다. 장에 가서 만나는 사람마다 달걀을 사라고 해보지만 아무도 거들떠보지 않는다. 설상가상으로 지나가던 사람이 박타이의 손을 치는 바람에 달걀 두 개가 깨져버렸다. 대장간에 가서 달걀을 사라고 하자 달걀 대신 빵을 가져오면 사주겠다는 대답을 듣는다. 급히 빵을 굽는 곳으로 가서 달걀과 빵을 바꾼 박타이는 다시 대장간으로 돌아와 빵을 건네고 돈을 받는다. 드디어 공책 살 돈을 구한 박타이의 표정이 함박꽃처럼 환하게 펴진다. 10루피밖에 구하지 못했지만 박타이는 학용품 가게에 가서 공책 한 권을 받아들고 기쁜 마음으로 돌아선다.

이제 학교에 갈 차례다. 연필을 구하지 못한 박타이는 엄마의 립스틱을 들고 압바스를 따라 학교로 간다. 서둘러 도착한 학교는 교실이 아닌 야외에 칠판 하나 걸어놓고 있는 게 전부다. 지각한 압바스는 교사로부터 벌을 받고, 박타이는 여긴 남자 학교라며 강 건너에 있는 여자 학교로 가라는 말을 듣는다. 그냥 여기서 공부할 수 있게 해달라는 부탁을 매몰차게 거절당하고 할 수 없이 물어물어 여자 학교를 찾아가는 박타이. 가는 동안 하늘에는 헬리콥터가 날아가고, 나뭇가지 총을 들고 전쟁놀이를 하던 한 무리의 남자아이들이 박타이를 가로막는다. "못 가. 이교도 놈. 거기 서. 우린 탈레반이다."

아이들은 박타이에게 석불이 있던 쪽을 향해 손을 들게 한 다음 어디 가느냐고 묻고, 학교에 가는 길이라고 하자 여자아이가 무슨 학교냐며 손에 들고 있던 공책을 뺏는다. 그러더니 공책을 찢어서 한 장씩 나눠 갖고는 비행기를 접어 일제히 날린다. 그런 다음 의기양양한 목소리로 외친다. "봐라, 종이 미사일로 우리가 불상을 파괴했다."

아이들의 전쟁놀이는 점점 심해져서 대장 격인 아이의 명령에 따라 구덩이를 파더니 박타이를 밀어 넣고, 돌멩이로 쳐 죽이겠다는 데까지 간다. 박타이가 울면서 재미난 얘기 배우러 학교에 가야 한다고 애원하지만 돌멩이를 든 아이들이 주위를 둘러싼 채 눈과 입 부위만 뚫은 종이봉투를 박타이 머리에 씌운다. "계집애는 머리칼을 내놓으면 안 돼. 머리칼 내놓지 마. 넌 계집애잖아."

아이들의 놀이는 탈레반의 행태와 똑 닮았다. 비록 놀이라고는 해도 폭력에 기반을 둔 끔찍한 놀이가 아닐 수 없다. 마침 학교에서 쫓겨나 집으로 돌아오던 압바스를 발견한 박타이가 큰 소리로 도움을 요청하지만 아이들은 스파이가 나타났다며 박타이를 끌고 급히 동굴 안으로 피신(?)한다. 그러더니 급기야 흙구덩이 함정을 이용해 압바스마저 포로로 잡아버린다.

동굴 깊숙이 들어가니 먼저 잡혀와 있던 여자아이들이 더 있다. 한결같이 종이봉투를 쓴 상태다. 남자 대장이 자리를 비운 사이 박타이가 먼저 종이봉투를 벗고 다른 아이들에게 봉투를 벗으라고 하자 그러면 남자아이들이 돌을 던질 거라며 두려워한다. 왜 잡혀왔느냐고 물으니 눈이 예뻐서, 립스틱을 칠해서, 학교 가면서 껌을 씹어서 잡혀왔다는 답이 돌아온다. 탈레반이 여성들에게 가하던 억압책을 알레고리를 차용해 재현한 장면이다.

두려움에 떠는 아이들을 남겨두고 혼자 빠져나온 박타이는 다시 학교를 찾아 헤맨다. 손에는 찢기고 남은 공책이 여전히 들려 있다. 강가에서 할아버지를 만나 학교 위치를 묻자 강물을 따라가면 된다는 모호한 대답이 돌아온다. 박타이가 계속 모르겠다고 하자 할아버지가 종이배를 만들어 강물에 띄운다. 박타이는 종이비행기가 떠 가는 쪽으로 내려가 드디어 학교에 도착한다. 천신만고 끝에 도착해보니 마당 곳곳에 칠판 하나씩 세워놓고, 그 앞에 다 큰 청년들이 무리지어 앉아 교사들의 가르침에 따라 공부하고 있다.

겨우 아이들이 배우는 곳을 찾아 들어갔는데, 다행히 그곳은 교실 형태를 하고 있다. 하지만 앉을 자리가 없다. 간신히 한 학생 옆에 끼여 앉아 공부를 시작하게 되고, 교사가 칠판에 쓴 글씨를 공책에 따라 적으라고 하자 박타이는 립스틱을 꺼내 적는다. 그러자 옆 짝꿍이 립스틱을 빼앗아 자기 입술에 칠하고 박타이 입술에도 칠해주며 장난을 친다. 장난에 재미가 들린 둘은 다른 친구들 입술이며 볼에 립스틱을 마구 칠해준다. 뒤늦게 그 모습을 발견한 여교사는 화를 내고, 박타이를 향해 누구냐고 묻는다. 박타이가 해맑은 웃음을 지으며 자기 이름을 말하는데, 그 장면이 너무 귀여워서 절로 미소를 띠게 만든다. 그렇게 짧은 시간, 공부다운 공부도 못한 상태에서 집으로 돌아오는 길에 압바스를 만난다. 이제 학교에 가고 싶다던 박타이의 소원이 이루어지고 아름답게 마무리가 된 걸까?

그러나 아직 이야기는 끝나지 않았다. 둘이 다정하게 이야기를 나누며 돌아오는 길에 전쟁놀이하는 아이들이 또 앞을 가로막고 나섰기 때문이다. 그런데 이번에는 탈레반이 아니라 미군 행세를 한다. "우리는 미국인이다. 손들어. 어디 가? 이 테러리스트 놈들."

전쟁놀이하는 아이가 총 쏘는 시늉을 하자 압바스는 쓰러져서 죽은 척을 하고 그 틈에 박타이는 도망친다. 박타이는 죽을힘을 다해 도망가고, 남자아이들은 총살시켜야 한다고 소리치며 뒤를 쫓는다. 그 뒤에서 압바스가 박타이에게 소리친다. "박타이, 죽은 척해. 그래야 놔준단 말이야."

도망치던 박타이가 밭에서 갈퀴질을 하고 있는 농부들을 만나 도움을 요청하지만 농부는 다른 데 가서 놀라는 말만 할 뿐 신경쓰지 않는다.

"넌 테러리스트야. 살아서는 집에 못 가."

"난 전쟁놀이 싫단 말이야."

울먹이며 전쟁놀이하기 싫다는 말만 되풀이하던 박타이 손에서 공책이 떨어지고, 그 위로 곡식 검불과 지푸라기가 덮인다. 어서 죽으라고 재촉하는 말에 드디어 박타이가 땅바닥에 쓰러지는 시늉을 하며 엎드린다. 그 순간 요란하게 터지는 폭발음과 동시에 검은 분진이 구름 덩어리처럼 뭉쳐 올라간다. 그리고 끝! 시작 부분에서 바미안 석불을 폭파하던 장면이 다시 나온다. 과연 무너진 건 무엇이고, 누가 무너뜨렸는가? 영화의 줄거리는 박타이가 학교까지 가는 길을 따라가지만, 감독이 보여주고자 하는 핵심은 남자아이들이 벌이는 전쟁놀이다. 무너진 건 석불뿐만 아니라 아이들의 동심도 함께 무너졌다는 거고, 그건 무너져서는 안 되는 이 세계의 한 축이 무너졌다는 것과 크게 다르지 않다. 그러니 석불이 무슨 수로 고개를 들고 있겠는가. 수치심을 이기지 못할 만도 하다.

둥그런 얼굴에 윗니가 하나 빠진 박타이는 어디서 저런 아이를 찾아냈을까 싶게 영화에 정말 딱 어울린다. 박타이의 말과 행동은 순진함을 넘어 천진함 그 자체다. 아직 세상이 어떤 건지 모르기에 원하는 걸 이루기 위해 거리낌이 없이 직진하고, 거기서 돌발성과 의외성이 나오는데 그때마다 짓는 표정은 억지로 꾸며낼 수 있는 게 아니다. 엉뚱발랄하다고나 할까? 영화가 감동을 주고 있다면 절반 이상이 박타이 역을 맡은 소녀 니키바크 노루즈의 덕이라고 해도 무방할 듯하다.

8

남장을 한 소녀

남장을 한 소녀

이야기는 마음속에 남는다 — 〈파르바나 : 아프가니스탄의 눈물〉

〈파르바나 : 아프가니스탄의 눈물〉은 캐나다 작가 데보라 엘리스의 원작 소설 『브레드위너』를 바탕으로 만든 애니메이션이다. 데보라 엘리스는 고등학교 시절부터 평화운동에 관심을 갖고 활동했으며, 아프가니스탄 여성과 아동의 인권 문제를 직접 경험하고 알리기위해 아프가니스탄과 파키스탄 국경 사이에 있는 난민촌을 찾아가실상을 취재했다. 『브레드위너』는 그런 활동의 결과물로 나왔으며, 국내에 1권부터 4권까지 시리즈로 번역·출간되어 있다. 작품이 세계 여러 나라에 알려지고 읽히면서 영화로 만들자는 움직임이 일어났고, 미국 영화배우 안젤리나 졸리가 제작을 맡아 화제를 불러일으킨 작품이기도 하다. 영화는 소설 1부의 이야기를 중심으로 해서 만들었다.

열한 살 소녀 파르바나는 카불의 작은 집에서 한쪽 발을 잃은 아버지와 엄마, 언니, 그리고 갓난 동생과 함께 살고 있다. 생계는 아버지가 시장 한 귀퉁이에서 집 안에서 가지고 나온 물건을 파는 동시에 사람들의 편지를 대신 읽어주는 일로 꾸려간다. 아버지의 본래 직업은 교사였다. 파르바나는 같이 시장에 따라가서 아버지의 일을 돕는다. 목발에 의지한 아버지를 부축해드리고 내다 팔 물건도 들어 주기 위해서였다.

아프가니스탄을 다룬 많은 작품이 그렇듯 이 영화도 신화를 차용한 옛이야기를 배면에 깔고 있다. 시장통에 나란히 앉아 아버지가 딸 파르바나에게 옛 신화를 들려주는 장면으로 시작하는 게 그런 맥락과 통하는 지점이다. "다른 건 다 잊어도 이야기는 마음속에 남는"다며 아버지는 태곳적 이야기를 시작한다. 그건 힌두쿠시산맥 안에 자리 잡은 아프가니스탄 땅이 거쳐온 수난과 영광의 역사에 대한 이야기였다. 그러면서 자신이 어릴 적에는 이 도시가 평화로웠으며 아이들은 학교에 다녔고 여자도 대학에 다녔다고 말한다. 이야기를 들려주는 시점은 그런 시절을 거쳐 탈레반이 통치하고 있는 시기다. 아버지는 이야기를 끝내며 이렇게 말한다. "파르바나, 모든 게 변한단다. 이야기가 그걸 상기해주지."

탈레반이 통치하는 상황도 언젠가는 변할 거라는 사실을 암시하는 말로 들린다. 하지만 상황이 변하기 전에 탈레반이 된 제자의 밀고로 금지된 책을 가지고 여성에게 가르쳤다는 죄를 뒤집어쓴 채 아버지가 먼저 잡혀간다. 그때부터 파르바나의 고난이 시작된다. 가장이 잡혀가자 당장 생계를 꾸려갈 일이 막막하다. 하지만 탈레반 치하에서는 여자가 남자 보호 없이(이런 남성 동반자를 '마흐람'이라고 한다.) 외출조차 못 하는 상황이라 엄마가 나가서 돈을 벌어 올 수도 없다.

파르바나는 울며 보채는 동생을 달래며 옛이야기를 들려준다. 필시 아버지로부터 전해 들은 이야기일 터였다. 힌두쿠시산맥 기슭에 작은 마을이 있었고, 마을 사람들은 씨앗을 거두어들인 걸 노래하고 춤추며 축하했다. 그중에서도 한 소년이 누구보다 더 많이 춤추고 노래하며 즐겼다. 그러는 사이에 괴수들이 몰려와 마을의 가장 소중한 보물인 씨앗 포대를 빼앗더니 그들의 주인인 엘리펀트 킹이 있는 힌두쿠시산맥으로 달아났다. 그날 파르바나의 이야기는 일단 여기서 멈춘다. 그러면서 밤마다 조금씩 이야기를 이어서 들려주는 식으로 나누어 편집했는데, 전체 이야기를 모아보면 이렇다.

씨앗 포대를 빼앗긴 마을 사람들이 눈물을 흘리고 있을 때 소년이 봄이 오기 전에 씨앗 포대를 찾아오겠다며 엘리펀트 킹이 사는 곳을 향해 떠났다. 소년이 밤에 힌두쿠시산맥으로 접어드는 산길을 가는데 뒤에서 무서운 악령 같은 것이 계속 따라왔다. 달아나던 소년은 언덕에서 아득한 곳으로 굴러떨어졌다. 언덕 아래 쓰러진 소년을 노파가 발견했고, 노파는 자신이 가지고 있는 마법의 북을 쳐서 소년을 깨어나게 했다. 소년이 노파에게 엘리펀트 킹을 찾아야 한다고 하자 노파는 엘리펀트 킹을 만나서 이기려면 빛나는 것과 옭아매는 것 그리고 달래주는 것, 이 세 가지를 먼저 찾아야 한다고 했다. 그러면서 동쪽으로 가라고 일러주었다. 다시 길을 나선 소년은 우여곡

절 끝에 노파가 말한 것 중 두 가지인 거울과 그물을 얻게 되고, 엘리펀트 킹이 사는 험한 곳에 도달한다. 마지막 이야기는 영화 끝 무렵에 나오는데, 파르바나는 이야기 속 소년에게 술레이만이라는 죽은 오빠의 이름을 붙여준다.

식량을 구하기도 힘들어지자 파르바나는 머리를 자르고 오빠의 옷으로 남장을 한 다음 장을 보러 시장으로 나갔다. 먹을 걸 사서 돌아오던 중 자신처럼 남장을 한 동창생 샤우지아를 만나 친한 사이가 된다. 시장에서 차 배달을 하고 있는 샤우지아는 파르바나에게 아버지를 교도소에서 구해내려면 돈이 많이 들 거라는 얘기를 한다. 파르바나는 돈을 벌기 위해 샤우지아를 따라다니며 닥치는 대로 일을 하는 한편 아버지가 앉았던 시장통 한구석에 자리 잡고 아버지와 똑같이 물건 파는 일과 글 읽고 써주는 일을 병행한다. 그때 아버지를 찾아온 손님에게 그가 내민 편지를 읽어준다. 편지 내용은 남자의 아내가 탄 차가 지뢰를 밟는 사고가 나는 바람에 사망했다는 내용이었다.

파르바나의 엄마는 마자르에 사는 사촌에게 편지를 써서 남편이 체포되었다는 사실을 전하고 큰딸을 사촌 막내아들의 신부로 맞이해달라고 한다. 결혼을 기회로 가족이 카불에서 빠져나갈 수 있도록 도와달라는 내용도 덧붙여서. 파르바나는 돈이 어느 정도 모이자 아버지를 구해 오겠다며 교도소를 찾아갔으나 경비병에게 얻어맞기만 하고 다시 돌아와야 했다. 파르바나는 마자르로 떠나기 전에 아버지를 만나 행선지를 얘기하고 오겠다며 다시 교도소를 찾아간다. 교도소로 가기 전에 만난 샤우지아는 파르바나에게 그동안 자신이 번 돈을 주며 꼭 아버지를 만나라고 한다. 그러면서 둘은 20년 후에 '달이 바다를 끌어당기는 곳'인 해변에서 다시 만나기로 약속한다. 야자나무가 있는 해변은 샤우지아가 꼭 가보고 싶어 하는 곳이다. 파르바나가 교도소로 출발한 사이, 집으로 웬 남자가 찾아오더니 전쟁이 벌어지고 있으니 빨리 마자르로 가야 한다며 엄마와 언니, 동생을 억지로 데려간다. 교도소에 도착한 파르바나는 시장에서 만난 편지의 주인이었던 남자로부터 일몰 전에 아버지를 구해주겠다는 말을 듣는다. 밖에서 아버지가 나오길 기다리는 동안 멀리서 포성이 울리고, 겁에 질린 파르바나는 이야기 속 주인공인 술레이만에게 힘내라고 외치며 두려움을 떨치기 위해 애쓴다.

그러면서 다시 엘리펀트 킹을 찾아 나선 소년 술레이만 이야기로 돌아간다. 술레이만은 거울과 그물을 이용해서 엘리펀트 킹을 지키던 재규어들을 물리치고 드디어 엘리펀트 킹을 만난다. 엘리펀트 킹이 술레이만을 향해 달려들자 파르바나가 직접 이야기 속으로 들어가 술레이만에게 다급하게 외친다. "술레이만, 네 이야기를 쏟아내. 엄마는 말할 수 없는 얘기."

그 말에 따라 술레이만은 달려드는 엘리펀트 킹에게 큰소리로 이렇게 말한다. "내 이름은 술레이만. 우리 엄마는 작가, 아빠는 선생님. 내 누이들은 늘 서로 다투지. 하루는 길거리에서 장난감을 발견하고 주웠어. 근데 터져버렸지. 그 뒤로는 기억이 안 나. 그게 끝이었거든."

엘리펀트 킹이 가까이 올 때까지 같은 말을 반복한다. 그러자 코 앞까지 온 엘리펀트 킹이 갑자기 무릎을 꿇더니 술레이만에게 씨앗 포대를 돌려준다. 무사히 씨앗 포대를 찾아온 술레이만은 마을 사람들과 춤추고 노래하며 기뻐한다.

노파가 말한 세 번째 것, 즉 달래주는 건 이야기였다. 어린 술레이만이 폭발물 사고로 죽어가야 했던, 아프가니스탄의 비극을 몰고 온 사연이 엘리펀트 킹의 악한 마음을 녹여낼 수 있었다. "다른 건 다 잊어도 이야기는 마음속에 남는"다고 했던 아버지의 말이 실현된 순간이기도 하다. 이야기의 힘으로 술레이만과 마을 사람들은 위기에서 벗어날 수 있었다. 인류가 오랜 세월 동안 이야기를 만들고 전해 온 까닭은 이야기가 지닌 힘을 알고 있었기 때문일 테고, 영화는 그런 힘을 관객들에게 되돌려준다. 그렇다면 이야기 속이 아닌 현실의 상황은 어떨까?

영화는 옛이야기와 현실 속 파르바나 이야기가 이중구조를 이루며 전개된다. 옛이야기 속 술레이만은 현실 속 파르바나와 그대로 겹친다. 옛이야기가 끝나면서 아버지도 무사히 교도소에서 나왔다. 파르바나는 쇠약해진 아버지를 수레에 실어 집을 향해 가고, 파르바나를 두고 갈 수 없다며 인솔자로부터 도망친 엄마와 언니, 동생도 집을 향해 온다. 이미 밤이 깊어 하늘에는 둥근달이 떠 있는 시간이다. 파르바나와 수레에 누운 아버지는 어두운 밤길을 가며 시 구절 비슷한 말을 주고받으며 읊는다.

문학과 영화로 만나는 아프가니스탄

우린 사람이 가장 큰 보물인 땅이다.

우리는 전쟁이 끊이지 않는 제국들 사이에 있다.

우린 힌두쿠시 산맥 기슭 안 균열된 땅이다.

북부 사막의 이글거리는 태양에 그슬린 땅

얼음 산봉우리와 대조되는 검은 돌무더기 토양

우리는 오리아나

고귀한 이들의 땅

목소리가 아닌 말의 가치를 높여라.

꽃을 피우는 것은 비다.

천둥이 아니다.

  읊조림과 함께 아름다운 꽃문양을 화면에 띄우며 영화는 끝난다. 영화 마지막에 나오는 이 구절은 원작 소설에는 보이지 않는다. 짐작으로는 페르시아의 옛 시인들이 쓴 시 중에서 가져온 것으로 보이지만 내 능력으로는 정확한 출처를 확인할 길이 없다. 자신의 조국이 비록 태양에 그슬리고 돌무더기 토양의 척박한 땅이지만 그래도 고귀한 이들의 땅이라는 굳건한 믿음. 그게 오랜 외세의 침략에도 무너지지 않고 버틸 수 있는 힘으로 작용했을 것이다. 그리고 지금 닥친 고난도 반드시 헤쳐 나갈 수 있으리라는 희망을 자신들의 땅과 그 땅 위에서 살아온 선조들의 삶에서 찾고자 했을 것이다. 특히 "목소리가 아닌 말의 가치를 높"이라는 말이 큰 울림을 가지고 다가온다. 말의 가치를 높이라는 건 위대한 정신이 담긴 말을 받들라는 것일 테고, '평화'가 그런 정신을 굳건히 다지는 받침판이 되어야 하지 않을까 싶다.

영화 속 이야기가 펼쳐지는 시기는 미군이 탈레반을 공격하기 직전인 2001년으로 보인다. 탈레반의 악행이 이루어지는 한편 가끔씩 멀리서 전투기가 날아가는 장면과 폭격 소리가 들리면서 막 전쟁이 시작되는 정황을 그리고 있는 걸로 보아 그렇다. 영화는 술레이만이 빼앗긴 씨앗 포대를 되찾고, 파르바나도 무사히 아버지를 구출하는 식으로 희망을 암시하며 끝난다. 미국이 탈레반을 공격하는 듯한 장면을 삽입한 건 자신들의 힘으로 약소국을 구원해준다는 서구 중심의 세계관을 반영했다는 비판을 받기도 한다. 더구나 미국이 자본을 대서 만든 영화라는 점에서 그런 의구심을 떨치기 어렵다.

아프가니스탄 사람들 스스로의 힘으로 일구어낸 희망이 아니라면 그건 쉽게 무너지거나 언제든 다시 뺏길 수밖에 없는 일이고, 미군점령 20년 만에 다시 탈레반이 복귀한 최근의 사태로 보아서도 그렇다. 영화에서 그리고 있는 결말은 실제 현실과는 거리감이 있다. 그렇게 되면 좋겠다는 소망 자체는 귀하고 소중하지만 현실은 그런 소망을 배반하는 쪽으로 움직이곤 한다. 애니메이션이라는 장르의 특성은 비극마저 아름답게 치장하는 장치로 기능하기도 한다. 위안이 아닌 고통의 직시가 아프가니스탄의 현실을 이해하는 데 더 도움이 될 거라는 점을 짚을 필요가 있다.

운명을 개척해가는 아프가니스탄 여성들 — 『브레드위너』

브레드위너(Breadwinner)는 빵을 구해 오는 사람, 즉 한 집안의 가장을 뜻한다. 탈레반에게 끌려간 아버지 대신 남장을 하고 밖에 나가 돈을 벌어 오는 소녀 주인공이 바로 가장 역할을 하는 브레드위너다.

소설 번역본에는 주인공 소녀 이름이 파르바나가 아닌 파바나로 되어 있다. 그리고 아버지가 파바나에게 들려주는 이야기도 다르다. 소설에서 아버지가 들려주는 이야기는 아프가니스탄의 역사와 고대 신화가 아니라 19세기 말에 영국과 있었던 전쟁에서 활약한 여성 영웅 말랄라이에 대한 이야기다. 아프가니스탄과 영국은 3차에 걸쳐 전쟁을 치렀다. 그중 2차 전쟁 때인 1880년에 마이완드에서 전투가 벌어졌다. 당시 말랄라이는 열아홉 살이었으며, 아버지와 약혼자가 전쟁에 나가 있었고 전세가 기울어 아프가니스탄이 밀리고 있는 상황이었다. 마을의 다른 여자들과 함께 부상병들을 간호하고 물과 탄약을 나르던 말랄라이는 아군의 패색이 짙어지면서 병사들의 사기가 떨어지자 아프가니스탄 깃발을 들고 뛰쳐나가며 소리쳤다. "오늘 이 싸움터에서 도망친다면 우리는 수치의 상징이 될 겁니다! 알라의 이름으로 돌격!"

갑작스레 나타난 말랄라이를 향해 영국군의 집중사격이 가해졌고, 말랄라이는 그 자리에서 장렬하게 전사했다. 그 모습을 지켜본 아프가니스탄 병사들이 다시 용맹스럽게 떨쳐 일어나 마침내 영국군을 물리쳤다. 이렇게 해서 마이완드 전투를 승리로 이끈 말랄라이는 아프가니스탄의 영웅으로 떠받들어졌으며, 그 후 여자아이들에게 같은 이름을 지어주거나 학교와 병원 이름에 말랄라이를 붙인 곳이 많다.

말랄라이 이야기를 들려준 아버지는 파바나에게 이렇게 말했다.

"아프간은 이 세상에서 가장 용감한 여자의 고향이야. 너희는 모두 용감한 여성으로, 용감한 말랄라이의 후손이야."

말랄라이라고 하면 또 한 명의 위대한 여자가 떠오른다. 2014년에 만 17세의 나이로 노벨평화상을 받은 파키스탄의 말랄라 유사프자이. 말랄라는 파키스탄 사람이지만 핏줄은 아프가니스탄에서 건너온 파슈툰족 출신이다. 진보적인 사상을 지니고 있던 아버지 지아우딘은 딸이 태어나자 아프가니스탄의 위대한 영웅 말랄라이를 생각하며 딸 이름을 말랄라로 지었다. 파키스탄 북부 스와트밸리에서 나고 자란 말랄라 유사프자이는 교사인 아버지의 가르침에 따라 학교에 다니고 있었는데, 그곳까지 들어온 탈레반 세력이 강제로 학교를 폐쇄하고 여학생들의 등교를 막았다. 파키스탄 정부는 그런 탈레반 세력을 묵인했으며, 파키스탄은 탈레반의 근거지 역할을 했다. 유사프자이는 탈레반의 학교 폐쇄에 항의하며 외국 방송을 통해 탈레반의 만행을 폭로하고 여자들도 교육받을 권리를 주장했다. 그게 빌미가 되어 버스를 타고 하교하던 중 괴한의 총격을 받아 사경을 헤매다 영국으로 가서 수술받은 끝에 간신히 목숨을 건졌다. 그 후에도 굴하지 않고 여성들이 교육받을 권리와 아프리카 등지에서 억압받는 여성들을 구하기 위한 활동을 활발히 펼쳤다. 아버지가 자신에게 붙여준 이름 그대로 아프가니스탄 여성 전사 말랄라이의 정신을 이어받은 셈이다.

영화에는 나오지 않는 중요한 인물이 소설 1부에 등장한다. 파바나가 위라 아줌마라고 부르는 사람인데, 탈레반에게 직업을 뺏기기 전에는 체육 교사로 일했으며 파바나의 엄마와 함께 아프간여성협회에서 활동하던 사람이다. 위라는 비밀 잡지를 만들어 배포하고, 여자들을 모아 가르치는 비밀 학교도 만들어 운영하는 용감한 여자다. 실제로 탈레반 치하에서 그렇게 비밀 활동을 하는 조직들이 있었고, 그런 현실을 소설에 담아냈다. 한편 샤우지아와 함께 돈을 벌러 다니던 파바나는 폭격으로 파헤쳐진 무덤가를 돌아다니며 사람의 뼈를 모아서 파는 일도 했다. 생각만 해도 끔찍한 일이지만 그게 아프가니스탄의 실제 현실이었고, 모흐센 마흐말바프 감독의 영화 〈칸다하르〉에도 소년이 무덤을 파헤쳐 시체의 손가락에서 반지를 빼내는 이야기가 나온다.

영화에서 신화 속 이야기를 발판 삼아 파르바나라는 어린 소녀의 용감함만 부각시키는 것과는 결이 다른 이야기들이 소설에 들어 있는 셈인데, 그런 면에서 볼 때 영화는 무척 소극적으로 접근하면서 아프가니스탄의 현실을 동화나 우화처럼 다뤘다는 비판을 받을 만하다.

소설의 2부는 '위험한 여정'이라는 부제를 달고 있다. 엄마가 언니를 데리고 결혼시키러 마자르로 갔다가 그곳까지 탈레반이 점령하는 바람에 행방불명이 됐고, 파바나는 아버지와 함께 엄마를 찾으러 갔다가 못 찾고 난민촌에서 생활하던 중 아버지는 건강이 악화돼 사망한다. 여전히 남자 행세를 하던 파바나는 탈레반이 남자들을 붙잡아 군대로 끌고 간다는 말에 혼자 정처 없는 길을 떠난다. 부제처럼 위험한 여정이 시작되는 것이다.

엄마를 찾아 헤매던 파바나는 전쟁으로 무너진 집 안에서 죽은 엄마 곁에서 울고 있는 아기를 발견하게 되고, 하산이라는 이름을 붙여준 다음 데리고 다닌다. 그러다가 이번에는 동굴 속에서 다리 한쪽이 잘린 아시프라는 소년을 만난다. 세 명으로 불어난 일행은 먹을 곳을 찾아 헤매다니다 또 한 명을 만난다. 지뢰밭 근처 계곡의 흙집에 혼자 사는, 파바나보다 어린 레이라라는 이름의 소녀다. 집 안에는 죽은 듯이 누워만 있는 할머니가 있고, 레이라는 아버지와 오빠를 찾으러 간 엄마를 기다리고 있다고 했다.

그 후 세 명은 한동안 레이라와 함께 그 집에 머물며 산다. 모처럼 행복감을 느끼며 사는 동안 하산은 걷기 시작하고 누워만 지내던 할머니는 마당까지 나오게 됐다. 서서히 겨울이 다가오면서 하늘에서는 비행기가 날아다니고 멀리서 폭발음이 자주 들렸다. 그러더니 계곡 가까운 곳에서도 포탄이 터지는 일까지 생겼다. 결국 포탄이 날아와 집을 날려버렸고, 할머니가 죽었다. 엄마가 돌아오길 기다려야 한다며 계곡에 남겠다는 레이라를 억지로 끌고 네 명은 다시 생존을 위해 길을 나섰다. 구걸을 해가며 난민촌이 있다는 곳을 향해 가는 동안 폭격을 당하기도 하고, 죽은 사람들의 시체와 마주치는 일도 흔했다. 오랜 헤맴 끝에 드디어 난민촌에 도착했다. 난민촌은 절망이 가득한 곳이었다. 한동안 그곳에서 지내던 중 비행기에서 떨어뜨린 음식 상자를 주우러 지뢰가 묻혀 있는 쪽으로 갔던 레이라가 지뢰를 밟아 숨졌다. 슬퍼하고 있는 파바나에게 다가와 위로의 말을 건넨 여자가 있었는데, 바로 애타게 찾던 파바나의 엄마였다.

파바나는 떠돌이 생활을 하는 동안 틈틈이 샤우지아에게 편지를 썼다. 전해 줄 길 없는 편지지만 쓰는 동안은 잠시나마 위안을 받을 수 있었다. 한 번은 편지에 이런 내용을 담았다.

나는 뭔가를 기억해야 한다는 것이 지겨워.
나 대신 기억해줄 사람이 있었으면 좋겠어.

파바나는 끔찍한 일을 너무 많이 겪었다. 어린 소녀가 감당하기에는 너무 참혹한 사건들을 마주치면서 차라리 모든 것을 기억에서 지워버리고 싶었다. 파바나의 엄마가 "얼마나 많은 아프간 아이들의 죽음이 필요한 거야? 왜 이 세상은 우리 아이들에게 이토록 모질단 말이야?"라고 외친 건 작가의 외침이기도 했을 터였다.

2부는 파바나가 샤우지아에게 쓰는 마지막 편지로 끝난다. 편지에서 파바나는 샤우지아에게 그토록 원하는 프랑스로 꼭 가게 되길 빈다며 자신도 따라가겠다고 한다. 에펠탑 꼭대기에서 만날 날이 이제

20년이 채 안 남았다는 말과 함께. 두 소녀는 훗날 에펠탑에서 반갑게 만날 수 있을까?

'라벤더 들판의 꿈'이라는 부제가 붙은 3부는 샤우지아가 겪은 고난의 기록을 담았다. 샤우지아는 지금 파키스탄 페샤와르 쪽에 있는 난민촌의 미망인 수용소에서 위라 아줌마와 함께 있다. 샤우지아는 한동안 산속에서 목동들과 생활하다 난민촌으로 들어왔고, 산속에서 지낼 때 데리고 있던 양치기 개 재스퍼와 함께였다. 위라 아줌마는 샤우지아에게 난민촌 사람들 돕는 일을 시켰지만 샤우지아의 마음속에는 프랑스로 가고 싶은 생각만 가득했다. 그런 자신에게 허드렛일만 시키는 위라 아줌마가 미웠다.

샤우지아는 밤에 재스퍼를 데리고 몰래 수용소를 빠져나와 페샤와르 시내로 간다. 페샤와르가 안락한 자리를 마련하고 샤우지아를 기다리고 있었을 리 만무하고, 샤우지아는 노숙을 해가며 구걸과 어쩌다 얻어걸린 궂은일을 해서 번 돈으로 겨우 살아간다. 페샤와르에서 갖은 고생을 하던 샤우지아는 결국 본래 자리인 수용소로 돌아오고 만다. 수용소에 식량 보급이 자주 끊기면서 굶는 날이 생기고, 밀가루 창고를 부수고 들어가는 폭동까지 발생한다. 흥분한 군중들에게 휩쓸려 넘어지는 바람에 사람들에게 마구 밟혀 기절한 샤우지아는 병원으로 실려 간다. 갈비뼈에 금이 가고 다리가 부러졌지만 병원에는 진통제도 없다. 옆 침상에 있던 환자가 죽어 나가는 걸 본 샤우지아는 목발을 짚은 채 병원에서 도망쳐 나온다.

"난 프랑스에 살아요. 악취도 나지 않고, 비명도 들리지 않고, 사람들이 밀치지도 않는 보라색 꽃들이 만발한 들판에 살아요. 그곳이 내가 사는 곳이라고요."

미망인 수용소를 찾아가다 만난 구호단체 직원에게 샤우지아가 울면서 한 말이다. 남들 보기에 허황된 꿈에 사로잡혀 있는 샤우지아가 잘못된 걸까? 샤우지아에게 꿈에서 깨어나 현실을 똑바로 보라고 윽박질러야 할까? 샤우지아가 한 말은 자신을 향한 다짐이기도 하지만 아프가니스탄을 비극의 구렁텅이로 몰아넣은 모든 어른들에게 외치는 항변이자 절규로 들린다.

수용소로 돌아오는 차 안에서 샤우지아는 미국이 탈레반을 공격하고 있다는 소식을 듣게 되고, 위라 아줌마는 폭격당한 아프간 사람들을 구호하기 위해 간호사들을 데리고 아프가니스탄으로 들어가겠다고 한다. 그러거나 말거나 샤우지아는 여전히 라벤더가 피어 있는 사진만 들여다본다. 위라 아줌마가 떠나던 날 밤 수용소 막사에 있던 샤우지아는 급히 뛰어나간다. 위라 아줌마가 차를 타고 떠나기 전에 그 차를 타고 자신도 아프가니스탄으로 들어가기 위해.

파바나와 샤우지아가 난민으로 떠돌면서 겪은 이야기들은 분명 어린 소녀들에게 가혹했지만 실제 현실은 그보다 훨씬 참혹했다. 이란의 모흐센 마흐말바프 감독은 타지키스탄의 두샨베에서 십만 명의 아프가니스탄 사람들이 맨발로 남부에서 북부까지 도망치는 걸 봤다고 했다. 아프가니스탄과 타지키스탄 사이의 무인지대에서 수

천 명씩 죽어갔지만 아무도 그들의 죽음을 목격하지 못했고, 세계의 어느 언론도 그런 사실을 보도하지 않았다고 했다. 어떤 걸 상상하더라도 상상 이상의 현실이 아프가니스탄에서 벌어지고 있다는 거였다.

4부는 '소녀 파수꾼'이라는 부제를 달고 있다. 미군이 아프가니스탄을 점령했고, 파바나는 미군 부대의 감옥에 갇혀 있다. 그 사이 무슨 일이 벌어진 걸까? 소설은 감옥에 갇힌 파바나의 상황과 그 사이에 있었던 일들을 교차해가며 서술한다.

파바나의 엄마는 지원단체의 기부금을 받아 여학생들을 위한 학교를 세워서 운영하고 있고, 언니는 교사가 되어 아이들을 가르치는 중이다. 파바나도 학생으로 수업을 받으며 동시에 엄마를 도와 학교를 꾸려간다. 학교 운영은 순조로웠고 학생들도 배움에 열심이었지만 여자들을 교육시키는 일 자체를 받아들이지 못하는 일부 남자들이 계속 방해하며 압력을 넣기 시작했다. 학교로 협박 편지가 날아들고, 탈레반과 연결된 세력은 경비원을 협박해서 학교 창고에 폭약 상자를 보관했다. 크고 작은 사건들이 이어지면서 급기야 엄마가 회의 참석차 학교 밖으로 나갔다가 살해되는 비극이 생겼다. 게다가 미군의 폭격 범위가 학교 가까운 곳까지 미치기 시작했고, 위라 아줌마가 보낸 샤우지아의 도움을 받아 탈출하는 동안 미군 전투기들이 기어이 학교를 폭파시켰다. 1차 은신처에 도착한 파바나는 아버지가 남긴 유일한 유품인 숄더백을 찾으러 다시 학교로 갔다가 미군에게 체포되고 말았다.

미군은 파바나가 탈레반의 지시를 받아 학교를 폭파시킨 게 아니냐고 의심했다. 탈레반이 학교 창고에 숨긴 폭발물을 빼내 학교 운동장에 묻어두었는데, 그게 학교를 폭파시키기 위한 행위로 연결되고 있었다. 처형당할 위기에 몰렸을 때 다행히도 위라 아줌마가 나타나 파바나를 구해주었다. 다시 만난 파바나와 샤우지아는 프랑스 에펠탑에 대한 이야기를 나눈다. 그러면서 일단 아프가니스탄에서 여자들을 구하는 일부터 하자는 데 합의를 본다. 앞으로 더 배고플 거고, 더 두려울 거고, 더 일이 많아질 거라는 파바나의 말에 샤우지아는 이렇게 말한다. "아프가니스탄이잖아. 뭘 바란 거야? 혹시 해피엔딩이라도?"

작가는 아프가니스탄에 들어온 미군에 대해 그다지 호의적이지 않다. 미군이 아프가니스탄을 구원해주기 위한 세력이 될 수 없다는 걸 암시하는 장면이 자주 나온다. 미군 폭격기가 탈레반과 상관없는 학교를 폭격하는 것과 같은 일이 실제로도 종종 벌어졌다.

지난달 아프가니스탄의 '국경 없는 의사회'(MSF) 병원에 대한 미군 공습은 이 건물을 탈레반 반군의 근거지로 착각한 미군의 오폭으로 결론이 난 것으로 알려졌다. (…) 아프간 주둔 미군은 지난달 3일 탈레반과의 교전이 치열한 북부 쿤두즈에서 MSF가 운영하는 병원을 공습했고, 의료진과 환자 30명이 숨지면서 거센 국제적 비난을 받았다.(『한국일보』, 2015.11.25)

기사에 나오는 오폭뿐만 아니라 고의에 의한 민간인 학살 사건도 있었다. 2012년에 칸다하르 지역에서 미 육군 제2보병사단 소속의 로버트 베일스 하사가 야간에 중무장 상태로 부대를 빠져나온 뒤 인근 마을로 들어가 16명의 민간인을 사살한 뒤 시신에 불까지 질렀다. 이 사건으로 버락 오바마 미국 대통령이 사과까지 해야 했지만 아프가니스탄에서 반미 시위가 격화되는 계기가 되었다.

데보라 앨리스의 소설은 줄곧 아프가니스탄 사람들 입장에서 이야기를 풀어가는 점이 돋보인다. 외부가 아닌 아프간 사람들 스스로 자신들의 운명을 개척해가야 한다는 것, 특히 여성들이 앞장서서 그런 역할을 수행해주기를 바라는 작가의 마음이 읽힌다. 파바나와 샤우지아 그리고 위라 아줌마를 그런 아프가니스탄 여성들의 표상으로 우뚝 세웠다. 작가는 소설을 마무리하며 더 나은 삶을 위해 고군분투하는 아프가니스탄 여성들을 지원해야 할 의무가 우리에게 있다고 했다. 그런 요청에 대한 응답은 우리 모두의 몫이다.

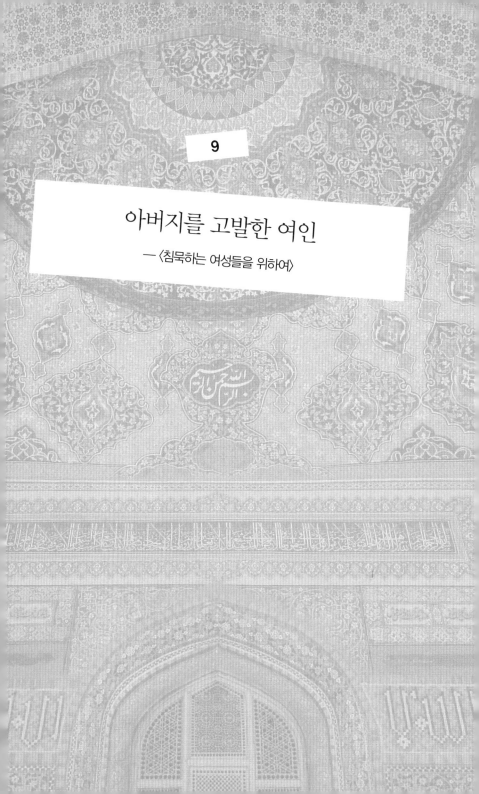

9

아버지를 고발한 여인

— 〈침묵하는 여성들을 위하여〉

아버지를 고발한 여인
— 〈침묵하는 여성들을 위하여〉

여성을 상대로 한 학대를 처벌하는 새로운 법이 2009년 아프가니스탄에 도입되었다. 그러나 피해자가 비도덕적 범죄로 기소당할 수도 있기 때문에 이 법은 거의 집행되지 않았다. 아프가니스탄 역사상 최초로 한 여성이 정의를 구현하기 위해 나서면서 침묵의 시간은 끝이 났다.

〈침묵하는 여성들을 위하여〉(사흐라 마니, 2018)라는 제목의 다큐멘터리는 이런 자막을 앞세우면서 시작한다. 그런 다음 2014년 가을의 카불로 관객들을 불러들인다. 카테라라는 여인이 산부인과에서 진료받는 중이다. 카테라의 몸속에는 지우고 싶었으나 지우지 못한 어린 생명이 자라고 있다. 아이가 증거이기 때문에 지우면 안 된다는 판사의 말이 있었기 때문이다. 무슨 일이 있었던 걸까?
아기의 아빠는 카테라의 아버지다. 배 속의 아기 말고도 이미 한 명의 딸이 있고, 그전에 낳은 네 명의 아기는 아버지가 사막에 버리고 왔다. 상상조차 하기 싫은 끔찍한 일을 벌인 아버지는 지금 감옥에 갇혀 있다. 그런데도 카테라는 늘 악몽을 꾸고, 아버지가 감옥에서 나올까 봐 불안에 떤다. 카테라는 아버지가 감옥에서 죽으면 좋겠다는 말을 하고, 그 말을 들은 어머니는 네 아버지는 악마 같은 사람이라 죽지도 않을 거라고 말한다.

카테라가 아버지의 몹쓸 짓을 말했을 때 사람들은 아무도 카테라의 말을 믿지 않았다. 카테라를 범한 다음 목욕을 하고 모스크에 가서 기도하던 사람이 카테라의 아버지였다. 맨 앞에서 '알라'를 외치며 기도하는 독실한 신자가 그런 짓을 저지를 리 없다고 했다. 율법학자들을 찾아가 사실을 말하고 도움을 요청했으나 아무도 도움을 주지 않았고, 정부에 호소하지도 말라고 했다. 모두 부패한 사람들이라 소용없을 거라면서 탈레반이 힘을 되찾게 되면 아버지를 돌로 쳐죽일 수 있을 거라고 했다. 카테라도 탈레반 시대였으면 자신의 아버지는 벌써 교수형을 당했을 거라며 같은 말을 한다.

2014년이면 미군을 중심으로 한 연합군이 탈레반을 몰아낸 지 10년도 넘은 시점이다. 탈레반은 여성 억압의 상징으로 통할 정도인데도 카테라는 차라리 탈레반이 있었으면 하고 바랐다. 탈레반은 여자들의 교육과 취업을 금지시키고 부르카 착용 의무화, 남자 보호자 없이는 외출 금지 등의 여성 억압 정책을 폈다. 그런 반면 범죄자의 처벌에는 잔혹하다 싶을 정도로 엄격했다. 처음 탈레반이 카불을 점령했을 때 환영하는 사람들도 많았다. 오랜 내전을 끝내고 평화를 가져온 세력이라는 생각과 함께 율법의 철저한 적용을 바탕으로 진정한 이슬람 국가를 만들겠다는 그들의 말을 믿었기 때문이다. 탈레반 통치 이후 범죄가 줄어든 건 맞다. 강력범죄자에게 행한 투석형이나 교수형은 물론 도둑질을 하면 팔을 잘라버릴 정도였으므로. 하지만 자신들이 저지른 범죄와 부패에는 눈을 감고, 자신들을 반대하는 작은 목소리조차 용납하지 않는 공포정치를 펼치면서 국민들을 억압했다. 그런 탈레반을 몰아낸 뒤 들어선 정부는 무능하고 부패했다. 미국을 비롯한 서방 세계도 그런 정부를 지원만 할 뿐 제대로 된 정부 기능을 할 수 있도록 하는 데는 소홀했다. 오로지 탈레반만 아니면 된다는 식이었다. 그래서 여자들이 학교에 다니고 부르카를 입지 않아도 되는 자유는 얻었지만 여성에 대한 다른 방면의 인권 침해와 폭력은 여전했다. 오랜 가부장제의 인습과 그로 인한 여성 억압의 현실은 그대로인 채였다.

카테라는 열다섯 번째로 찾아간 율법학자로부터 텔레비전 방송에 나가서 얘기해보라는 말을 듣는다. 용기를 내서 텔레비전 카메라 앞에 선 카테라는 그동안 있었던 끔찍한 일들을 증언했고, 누구나 예상할 수 있는 질문이 사회자로부터 나왔다. 왜 이제야 그런 사실을 밝히느냐고.

"아버지는 저희를 아무 데도 못 가게 했어요. 학교는 물론이고 상점까지도요. 그래서 하소연할 상대도 없었죠. 친가 사람들은 모두 이 사실을 알고 있었지만 저희를 계속 통제하면서 입을 다물라고 경고 했죠."

그러면서 자신을 포함해 엄마와 딸, 그리고 배 속에 있는 아이가 안전하게 지낼 수 있는 곳이 필요하다고 말했다. 생명의 위협을 받고 있다면서.

"제가 이야기하는 걸 듣고 용감하다고 말하는 사람도 있고 제가 가문에 먹칠을 한다고 비난하는 사람들도 있어요. 왜 더러운 빨래를 공개적으로 세탁하냐고 묻죠. 하지만 저는 제가 옳다고 생각해요. 언젠가는 제 딸도 자라서 성인이 될 텐데 제 딸은 저 같은 일을 겪지 않기를 바라니까요."

아버지 사이에서 낳은 제이납은 카테라의 딸이면서 여동생이다. 제이납은 카테라를 언니라고 부르고, 태어난 뒤 줄곧 길러준 카테라의 어머니를 엄마라고 부른다. 설명할 길 없는 복잡한 가계도에 카테라는 늘 혼란스럽다. 아버지는 제이납이 자라면 자신의 아내로 삼을 거라는 말을 할 정도로 인간이기를 포기한 존재였다. 카테라의 고발은 딸 제이납을 지키기 위한 모성애와 사명감의 발로이기도 했다. 카테라의 아버지는 임신한 아내를 때려서 두 번이나 유산시키는 바람에 더 이상 임신할 수 없는 몸으로 만들었다. 그런 뒤 아내가 보고 있는 데서도 딸을 강간했다. 카테라가 반항하면 사정없이 때렸고 그러지 말라고 말리는 아내까지 때렸다.

그해 겨울, 어렵게 열린 첫 재판에서 판사는 카테라에게 거짓말을 한다고 했다. 카테라는 법률상담가를 찾아갔다. 법률상담가는 아프가니스탄에서 DNA 검사를 했다는 얘기를 들어본 적이 없으며 있다 해도 극소수일 것이고, DNA 검사는 크게 도움이 되지 않을 거라고 했다. 카테라가 낳은 딸이 아버지와 관계해서 낳은 게 맞다 해도 강압에 의한 거라는 사실을 밝히지 못하면 오히려 불법 성교로 카테라도 처벌받을 거라는 거였다. 그러면서 사실을 밝히며 도움을 요청했던 사람들을 찾아서 그들의 증언을 끌어내는 게 중요하다고 했다. 가진 돈을 전부 변호사를 만나고 경찰서나 당국을 찾아다니는 데 썼지만 그들은 모두 매수됐다. 카테라의 아버지가 체포된 건 벌써 세 번째였다. 아무리 명확한 증거를 가지고 가도 불충분하다고 했다. 매번 무혐의로 풀려나다 이번에 구속된 건 어머니의 증언과 텔레비전 방송 덕분이었다.

카테라에게는 남동생 둘이 있었지만 그들도 카테라의 편이 아니었다. 아버지의 범죄가 드러나면서 다른 도시로 가서 일할 수밖에 없게 된 남동생들은 텔레비전에 출연한 누나를 원망했다. 남동생들은 누나가 당한 비극보다 가족의 명예가 더 중요했다. 그러니 친가 쪽 사람들은 말할 것도 없었다.

"친가 식구들은 우리를 사냥하려는 개 떼처럼 거친 사람들이에요. 그들이 우리를 지켜보고 스토킹하고 있다는 게 느껴져요. 그들이 저 밖에 있다는 걸 아니까 집을 비우기가 불안해요."

집을 비운 사이 친가 식구들이 몰래 침입한 적도 있었다. 위험을 느낀 카테라는 친가 식구들이 모르는 곳으로 이사를 해야 했다. 중간에 이런 내레이션이 나온다.

아버지들, 남자 형제들, 친가 식구들, 이웃들. 그들은 자신들이 여자들을 대신해 말할 권리를 가지고 있다고 믿는다. 그리고 결정도 대신 내린다. 그래서 여성들의 목소리가 들리지 않고 우리와 함께 땅속으로 묻히는 것이다.

다음 해, 카테라는 자신의 아들이자 남동생을 낳았다. 하지만 제이납 한 명 키우기도 힘든 처지라 입양을 시켰다. 그런 다음 5일 동안 먹지도 마시지도 못하던 카테라는 입양 중개인에게 연락해서 다시 아이를 데려왔다.

드디어 재판이 열리고 판결이 나왔다. 검사가 아버지의 범죄에 대한 유죄 사실이 인정되었다며 법정 최고형을 내릴 것을 권고한다고 했다. 카테라의 고발 사건은 카불에서도 특별히 중요하게 다루어졌고, 법원 앞에 많은 기자들이 몰려들었다. 기자들 앞에서 카테라는 판결은 나왔지만 형량이 선고되지 않으면 자신과 아이들이 위험해진다고 했다. 친가 식구들의 위협이 계속되고 있었기 때문이다. 그러니 아직 끝난 게 아니었다. 집으로 돌아온 카테라는 손바닥에 헤나로 자신의 이름을 새겼다. 아프가니스탄에서는 결혼식이나 명절 같은 날 여자들이 손에 헤나를 새긴다. 앞으로 좋은 일만 생기기를 바라는 마음을 담아서 치르는 행위다.

그리고 또 이사를 했다. 동네 사람들이 뉴스를 보고 자신들의 이웃에 사는 여자가 카테라라는 사실을 알았기 때문이다. 그 후로도 계속 이사를 해야 했는데, 일주일에 두 번이나 이사를 한 적도 있다. 아버지가 감옥에서 고모에게 전화를 해 이사 간 집을 찾아내 사람을 시켜 폭파시키겠다고 협박했다는 얘기도 들었다. 방법은 아프가니스탄을 떠나는 수밖에 없었다. 설령 아버지가 사형당한다 해도 친가 식구들은 그대로 남아 있기 때문이다. 문제는 아이들의 출국 서류를 마련하는 건데 아버지의 동의가 있어야 한다고 했다. 그래도 어렵게 여권을 만들 수 있었다. 아이들의 아버지는 카테라의 아버지로, 카테라는 아이들의 언니이자 누나로 등록했다. 서류상으로 카테라는 아이들의 엄마가 될 수 없었다. 카테라는 아이들을 데리고 아프가니스탄을 떠나 프랑스로 갔다.

이게 카테라 한 명에게만 닥친 특별한 비극일까?

"그날 밤 제 얘기가 방송에 나왔고 한 소녀가 방송국에 전화를 했대요. 그런데 그 소녀가 한 시간 내내 울면서 이렇게 얘기했대요. '저는 열여덟 살이고 곤경에 처해 있어요. 제가 공개적으로 이야기를 하면 전 죽게 될 거예요.' 그 얘기를 듣고 저 같은 소녀들이 수천 명 있을 수도 있다고 생각했죠."

다큐멘터리의 원제가 'A Thousand Girls Like Me'인 이유를 알 수

있는 대목이다. 친족 성폭력은 다른 나라에서도 드물지 않게 벌어지는 일이다. 문제는 어느 나라나 그런 사실을 공개하는 일이 무척 어렵고, 공개했을 경우 피해 여성이 겪어야 하는 2차 피해도 심각하다는 사실이다. 더구나 아프가니스탄 같은 나라에서는 가해자에 대한 처벌까지 가는 게 무척 어렵고 오히려 피해자가 공공연하게 살해 위협을 받기도 한다. 이슬람 율법에 여성 차별을 정당화하는 구절이 없음에도 오랜 세월 남성 중심의 권력 체계가 이어져 온 탓에 그릇된 차별의식이 뿌리 깊게 퍼져 있다. 그건 탈레반 세력이 아닌 보통 사람들의 내면도 마찬가지여서 변화의 시간이 오기까지는 무척 많은 과정을 거칠 수밖에 없다. 카테라 같은 여성의 용기, 그리고 카테라를 돕던 법률상담가와 여성 단체들의 존재에서 가느다란 희망을 엿볼 수밖에 없다. 그나마 다시 탈레반 시대가 도래함으로써 한층 어려운 과제를 안게 되었다.

현재 카테라는 프랑스에서 살고 있다. 그녀는 프랑스어를 배우고 있으며 약혼자와 함께 살고 있다. 카테라의 어머니는 두 아들과 함께 여전히 카불에서 살고 있다. 2018년 6월, 카테라의 아버지는 선고를 기다리며 수감 중이다.

영화의 마지막 자막이다. 그 후에 가해자 아버지에 대한 선고가 이루어졌는지는 알려지지 않았다. 피해자가 외국으로 피해야 하는 게 현재 아프가니스탄 여성들이 처한 현실임은 분명하다. 다른 나라에 비해 미미해 보일 순 있지만 아프가니스탄에서도 꾸준히 여성 인권 운동을 펼쳐온 이들이 있었다. 그런 노력과 투쟁의 역사가 맥이 끊기지 않도록 국제사회의 관심과 응원, 그리고 탈레반 정부에 대한 압력이 필요하다.

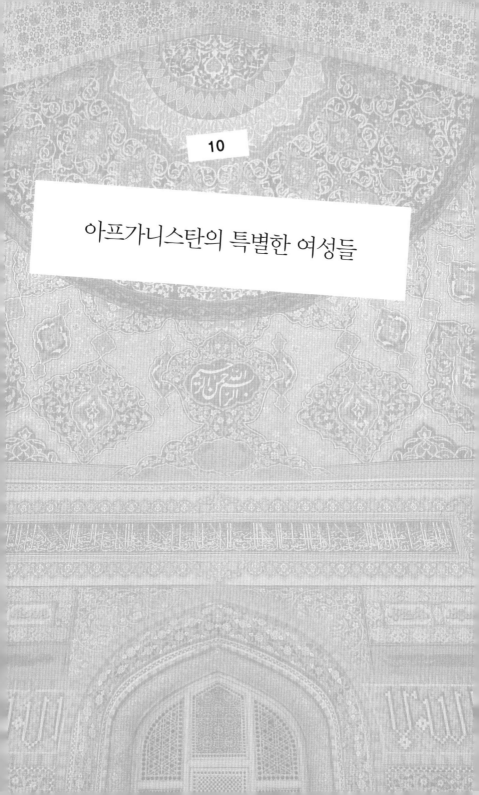

10

아프가니스탄의 특별한 여성들

아프가니스탄의 특별한 여성들

매매혼을 고발한 래퍼 소니타

2021년 11월 1일 미국의 CNN 방송은 아프가니스탄에서 9세 소녀 파르와나 마릭이 55세 남성과 결혼식을 올렸다는 내용을 영상과 함께 전하고 있다. 아프가니스탄 법령은 15세 미만 어린이나 청소년의 결혼을 금지하고 있다. 하지만 아프가니스탄에서 법과 현실이 일치하지 않는 사례는 너무 흔한 일이고, 그건 탈레반 통치 이전에도 마찬가지였다. 조혼이 성행하는 이유는 단 하나, 가난 때문이다. 아홉 살 소녀 파르와나의 아버지 마릭은 그전에도 열두 살짜리 큰딸을 결혼시킨 바 있다. 이번에 작은딸을 결혼시키면서 신랑 측으로부터 2,200달러를 받았다. 마릭의 여덟 식구가 몇 달은 먹고살 수 있는 돈이다. 마릭은 어린 딸에게 미안하고 마음도 고통스럽지만 어쩔 수 없는 일이라고 했다.

아프가니스탄의 이런 현실을 노래로 고발한 소녀가 있다. 소니타

알리자데, 열일곱 살이라는데 출생증명서가 없어 그게 정확한 나이인지는 모른다. KBS가 2015년 11월 12일 방송한 다큐멘터리 〈아프간 소녀, 소니타의 노래〉에서 이 소녀를 소개하고 있다. KBS 자체 제작이 아니라 여러 나라가 함께 작업한 다큐멘터리로, 공동 제작자인 이란의 감독 록사레 가엠 마가미가 〈소니타〉라는 제목으로 포틀랜드국제영화제에 출품한 것도 있다. 이 작품은 90분짜리인데, KBS가 방영한 건 52분짜리다. 록사레의 다큐멘터리는 국내에서 찾아보기 힘들다.

소니타는 이란의 테헤란 이민자 청소년 보호 센터에서 아프가니스탄 난민 어린이들을 도와주며 글을 배우고 있다. 아버지는 돌아가셨고, 오빠가 동네에 놀러 나갔다가 총에 맞아 다친 사건을 계기로 아프가니스탄을 탈출해서 이란으로 건너왔다. 하지만 이란에서 제대로 된 경제 활동을 할 수 없어 다른 가족들은 다시 아프가니스탄으로 돌아가고 소니타는 결혼한 언니 집에서 살고 있다. 래퍼가 되고 싶어 하는 소니타는 직접 가사를 쓰고 랩을 만들어 부른다. 소니타가 자신이 만든 랩을 센터에 있는 아프가니스탄 어린이들과 함께 부르는 장면이 나오는데, 후렴구를 따라 하는 어린이들의 목소리가 무척이나 경쾌하고 흥겹게 다가온다. 소니타의 소망은 자신의 랩을 음반으로 내는 일이다. 하지만 이란에서는 여자 혼자 노래하는 걸 금지하고 있다. 아프가니스탄보다는 덜하지만 이란도 이슬람 원리주의 국가라서 여자들에게 가하는 억압의 강도가 상당히 세다. 소니타는 함께 랩을 할 남자를 구하고, 녹음실을 찾아다니지만 비용이

만만찮다. 그런 소니타에게 청혼이 들어왔다. 말은 청혼이지만 9천 달러를 내고 소니타를 데려가겠다는 거였다. 소니타가 친구들과 만나서 나누는 얘기들은 누가 얼마에 청혼을 받았냐는 말들이다. 4천 달러를 받기로 했다는 친구에게 소니타는 "우리는 돈으로 사고파는 양이 아니야."라고 말한다. 하지만 소니타 역시 양과 같은 처지로 내몰리고 있는 중이다.

> 나는 오랜 침묵에서 깨어 소리친다.
> 내 상처를 대신해 소리친다.
> 나의 지치고 갇혀 있는 육신을 위해 소리친다.
> 가격표가 붙여져 산산이 부서져버린 내 육신을 위해
> 난 헤라트에서 온 열다섯 살 소녀
> 새로운 구혼자가 찾아왔다.
> 나는 전통 때문에 혼란스럽다.
> 돈을 위해 소녀들을 팔고, 소녀들에겐 결정권이 없다.
> 아버지는 생계비를 걱정하신다.
> 누구든 돈을 많이 내는 사람이 나와 결혼하게 된다.
> 제가 얼마나 먹는지 계산하고 있었다면
> 전 그냥 식탁을 박차고 일어났을 거예요.
> 제가 어차피 먹어치울 잘 키운 양처럼 느껴져요.
> 지금이 저를 팔 시간이라고 합니다.
> 제 눈과 귀를 보세요. 저는 사람입니다.

양이 불평하는 걸 본 적이 있나요?

양이 이렇게 감성적인 걸 본 적이 있나요?

소니타가 만든 랩 가사의 일부다. 소니타의 오빠는 여동생을 9천 달러에 결혼시켜 그 돈으로 자신의 신부를 사 오고 싶어 한다. 다급해진 소니타는 아프가니스탄에 있는 어머니를 테헤란으로 불러들여 오빠를 말려달라고 부탁한다. 하지만 어머니는 오빠 편이다. 자신도 너무 어린 나이에 결혼해서 남편을 아저씨라고 불렀다면서도 그렇다. 어머니는 그게 아프가니스탄의 전통이라 말하고, 소니타는 그런 전통 때문에 혼란스럽다고 말한다. 아프가니스탄 여성들에게 성적 자기 결정권이니 하는 말은 먼 나라의 얘기에 지나지 않는다.

제대로 말하자면 그건 전통이 아니라 인습이자 악습이다. 아프가니스탄에서 여자에게는 발언권이 없다. 집안일도 남편이 모든 걸 결정하고 남편이 없으면 아들이 결정한다. 아들이 여동생을 결혼시키면서 받은 돈으로 자신도 결혼하고 싶다고 하면 어머니도 그대로 따라야 한다. 소니타의 어머니는 자신이 여성이면서도 그걸 불합리라 여기는 게 아니라 따라야 할 전통이라고 믿는다. 그런 그릇된 믿음을 버려야 한다고 말하는 건 쉽지만 강요한다고 해서 바꿀 수 있는 건 아니다. 지참금(실제로는 매매 대금)이 없으면 아들이 결혼하지 못하는데, 가난 때문에 지참금을 마련할 길이 없다면 어머니에게 주어진 선택지로 다른 게 있을 리 없다. 오랜 전쟁으로 최빈국 상태에 머물고 있는 아프가니스탄 사람들이 가난에서 벗어날 수 있도록 하는

문학과 영화로 만나는 아프가니스탄

게 선결 과제인 셈이다.

소니타는 이어서 이렇게 노래한다. 아니 소리친다.

> 이런 침묵에 지친 저를 소리치게 해주세요.
> 당신의 손을 치워주세요, 질식할 것만 같아요.
> 저와 작별 인사도 하지 않았잖아요.
> 전 제 자신이 살아 있단 걸 확인하고 싶어요.
> 아무 소리도 없이, 전 의심으로 가득 차 있습니다.
> 전 알아요. 여자들은 이 도시에선 침묵해야 한다는 걸요.
> 인간임을 증명하기 위해 어떡해야 하나요?
> (…)
> 코란에선 절대 여성들이 판매의 대상이라 얘기하지 않아요.
> 저를 내버려두세요. 화장하는 것에 지쳤어요.
> 어떤 화장도 저의 멍든 얼굴을 가릴 수 없어요.
> 어떤 적도 당신이 제게 한 행동보다 나쁜 짓을 하지 않을 거예요.
> 낯선 사람의 품 안에서 전 아플 거란 걸 확신합니다.

소니타는 자신이 랩을 하는 영상을 찍어 유튜브에 올렸다. 이마에는 바코드를 찍고 하얀 드레스를 입은 차림으로 랩을 하는 영상이 퍼져나가자 위기와 기회가 동시에 찾아왔다. 이란에서 여자가 노래하는 걸 도우면 이란 정부의 법을 어기는 게 된다며 이민자 청소년 보호 센터에서 더 이상 지원할 수 없으니 센터에서 나가달라고 했다. 그와 동시에 미국에서 도움의 손길을 내민 사람이 등장했고, 소니타는 장학금을 받으며 미국 유타주에 있는 와사치고등학교에 들어갈 수 있었다.

소니타는 자신의 노래를 믿는다고 했다. 자신의 노래가 널리 퍼지면 언젠가는 아프가니스탄에서 결혼지참금이라는 명목으로 어린 소녀를 사고파는 현실이 바뀔 거라는 믿음을 지니고 있다. 소니타는 지금 미국에서 래퍼로 활동하는 한편 인권단체에 들어가 활동가 역할도 하고 있다. 소니타의 꿈이 이루어질 수 있을까? 소니타 개인으로는 조혼을 강요하는 현실에서 벗어났지만 아프가니스탄의 현실은 그대로다. 조혼은 매매혼의 다른 이름이기도 한데, 아프가니스탄뿐만 아니라 인근의 가난한 나라에서도 흔히 벌어지고 있는 일이다. 그리고 조혼과 매매혼의 근저에는 가난이 자리 잡고 있어 쉽게 없애기 어렵다.

랩의 기본 바탕에는 저항의 정신이 담겨 있고, 소니타는 그런 랩 정신의 구현자로 손색이 없다. 그렇게 된 까닭은 소니타가 처한 현실이 자양분을 제공했기 때문이다. 아프가니스탄 여성이 랩을 한다는 건 말 그대로 사건이다.

이런 사건을 만들어낸 게 소니타가 처음은 아니다. 2008년에 파라다이스(Paradise)라는 예명을 쓰는 여성과 다이버스(Diverse)라는 예명을 쓰는 남성이 사회비판적인 내용의 랩을 하는 '143Band'를 결성해서 노래를 불렀다. 그러는 동안 지속적인 살해 위협에 시달리던 이들은 2015년에 독일로 망명해서 활동하고 있다. 또 한 명의 래퍼로 수산 피로즈(Soosan Firooz)가 있다. 수산 피로즈는 어린 시절에 이란과 파키스탄에서 난민 생활을 했으며, 탈레반의 몰락 이후에 아프가니스탄으로 돌아와서 배우로 활동했다. 그러면서 랩을 해보고 싶다고 하자 아버지가 후원자로 나섰으며, 2012년에 첫 앨범 〈우리의 이웃들(Our Neighbors)〉을 냈다. 가사는 이란과 파키스탄에서 난민으로 살아가던 시절의 이야기를 담았다. 당연히 살해 위협이 잇따랐고, 아버지가 직장을 그만두고 경호원 역할까지 맡아야 했다. 하지만 계속되는 위협에 2017년에 인도로 피신해서 활동하고 있다.

아프가니스탄에서 랩이라니, 그것도 여성 래퍼라니! 의외라고 여기는 게 당연할 수도 있겠으나 아프가니스탄 여성들의 삶을 추적해보면 생각보다 용감한 이들이 많음을 알 수 있다. 그만큼 우리가 기억해두어야 할 이름이 많다는 뜻이기도 하다.

스포츠의 매력에 빠져든 여자들 —『내 생에 가장 자유로운 90분』

아프가니스탄 여성들을 생각할 때 가장 먼저 떠오르는 건 부르카로 눈동자마저 식별할 수 없을 만큼 온몸을 가린, 그래서 도무지 누가 누군지 구분할 수조차 없도록 철저히 외부와 단절된 몰개성의 움직이는 생명체일 뿐이었다. 그러다 보니 아프가니스탄 여성들이 자기 의지나 감정을 가지고 살아가기는 하는 건지 의심스러울 때가 많았다. 철저히 수동태의 삶을 살아가는 것으로 보이는 그 여성들에게도 분명히 자기 목소리를 내거나 주체적인 삶을 살고자 하는 마음이 있을 거라는 생각은 했지만, 스포츠와 아프가니스탄 여성들을 연결시키기는 어려웠다. 그러던 중에 발견한 책이 『내 생에 가장 자유로운 90분』(아위스타 아유브, 샘터, 2011)이다.

"아무리 산이 높아도 길은 있기 마련이다."

아프가니스탄의 속담이다. 그렇게 어딘가엔 반드시 있을 길을 찾아 나선 아프가니스탄 소녀들의 이야기가 있다. 길을 찾는 것도 어렵고, 그 길을 넘는 일은 더 어려우리란 건 쉽게 짐작할 수 있는 일이다. 남자도 아닌 어린 소녀들이 축구를, 그것도 아프가니스탄에서 해왔다는 사실만으로도 놀라움을 안겨주기에 충분하다.

책을 쓴 아위스타 아유브는 두 살 때 부모와 함께 아프가니스탄을 떠나 미국에 정착한 여성이다. 아유브의 아버지는 1978년에 공산 세력인 인민민주당이 쿠데타를 일으켜 다우드 칸을 몰아낸 뒤 엔지니어 자리에서 쫓겨나자 파키스탄을 거쳐 가족들을 데리고 미국으로 갔다.

2001년에 미군이 탈레반을 몰아낸 뒤 아유브는 자신의 조국을 위해 무언가 의미 있는 일을 하고 싶었다. 고민 끝에 생각해낸 건 스포츠를 좋아하는 자신의 취향에 맞게 아프가니스탄 소녀 축구 선수들을 미국으로 초청해서 캠프를 여는 것이었다. 2003년 아유브의 나이 스물셋일 때였다. 하지만 아유브는 아프가니스탄에 여자 축구팀이 하나도 없다는 사실을 알지 못했다. 탈레반 집권 이전에는 아프가니스탄 여성들도 스포츠를 즐길 수 있었으나 그때도 여자들에게 허용

된 구기 종목은 농구와 배구뿐이었다. 스스로 좋아서 축구를 즐기는 여성이 어쩌다 몇 있을 뿐이었다. 그마저 탈레반 시절에는 여성들이 스포츠를 한다는 건 상상할 수 없었고, 탈레반이 물러난 지 얼마 지나지 않은 때라 여성 스포츠가 제대로 복원되지 않은 상태였다. 그래도 아유브는 '아프간 청소년 스포츠 교류'라는 이름으로 프로젝트 계획서를 만들고, 인터넷을 뒤져가며 도움을 줄 수 있는 단체들을 물색했다.

그렇게 해서 2004년에 여덟 명의 아프가니스탄 소녀들이 아유브의 초청에 따라 미국에 발을 디딜 수 있었다. 6주간의 일정으로 미국에 입국한 소녀들은 축구 캠프에 참여해서 기초 훈련을 받은 다음 아프가니스탄계 미국인 축구대회에 참여하기로 했다. 축구에 대한 기초 지식조차 제대로 갖추지 못했던 소녀들은 단기간이긴 하지만 전문 코치들로부터 지도를 받으며 실력을 쌓아갔다. 계획대로 아프가니스탄계 미국인 축구대회에 참여할 수 있었고, 클리블랜드에서 열린 국제 청소년 스포츠 축제 개회식에 아프가니스탄 깃발을 들고 참가해서 관중들에게 우레와 같은 박수를 받았다.

미국에서 돌아온 소녀들은 '평화의 뿌리'라는 비정부기구 단체에 들어가 거기 딸린 운동장에서 매주 금요일마다 축구 연습을 했다. 이 무렵 아프가니스탄 축구협회가 여성 축구를 육성하기 위한 프로그램을 짜면서 전직 축구 국가대표 선수 출신의 왈리자드에게 역할을 맡겼다. 왈라자드는 카불 시내에 있는 여자고등학교들을 방문하며 축구를 하려는 소녀들을 찾기 시작했다. 쉬운 일은 아니었으나 아예 성과가 없는 건 아니어서 차츰 축구를 시작하는 여학생들이 생겼다. 2005년 12월 왈리자드는 여자 국가대표팀을 구성하겠다는 계획을 세우고 여기저기 흩어져 있는 여자 축구팀들의 신청을 받아 축구대회를 열기로 했다. 뒤늦게 소식을 들은 '평화의 뿌리' 소속 선수들도 참가 등록을 했다. 예선 경기는 하루에 한 경기씩 힌두쿠시 운동장에서 열렸다. 잔디 같은 건 애당초 꿈꿀 수도 없는 흙바닥으로 된 경기장이지만 공식 시합에 나갈 수 있다는 것만으로도 감지덕지했다.

미국에서 훈련받고 온 팀답게 예선전을 연전연승으로 통과하고 결승전에 진출했다. 결승전 장소는 카불에서 가장 큰 운동장인 가지 주경기장이었다. 가지 주경기장은 국가 대항전 등 주요 경기가 열리던 곳으로 탈레반 통치 시절에는 공개 처형장으로 활용되기도 했다. 가지 주경기장에 들어선 선수들은 감격스러웠다. 결승전답게 상대 팀은 강했고, 전후반 무승부를 기록하는 바람에 승부차기까지 가는 접전 끝에 우승 트로피를 받아들었다. 그 후 2007년 8월에 파키스탄에서 4개국이 참가해서 열린 '국가 대항 여자축구 리그'에 나가기도 했다.

'아프간 청소년 스포츠 교류' 프로젝트를 기획하고 성사시켰던 아유브는 2006년 4월에 자신의 조국 아프가니스탄을 방문했다. 한 달 동안 카불에 머물며 자신의 프로그램에 참여했던 소녀 선수들을 찾아다니며 만났다. 책 안에는 소녀 선수들이 축구를 시작하기 전과 미국에서 돌아와 겪었던 일들이 자세하게 담겨 있다. 그래서 책을 읽는 동안 1990년대부터 2006년 무렵에 이르는 시기의 아프가니스 탄 상황을 살펴볼 수 있다.

축구를 통해 아프가니스탄 소녀들에게 꿈과 희망을 심어준 아유 브는 책 뒤에 자신이 아프가니스탄에 들어가서 만난 몇 사람 이야기 를 소개하고 있다. 한 명은 여자 농구 선수 출신으로 2004년에 아프 가니스탄 의회 선거에 출마해 당선된 사브리나 사쿱이었다. 당시에 새로 제정한 아프가니스탄 헌법은 의회의 25%(68석)를 여성에게 할 당하도록 했고, 그해 선거에서 모두 74명의 여성이 지역에서 당선되 었다. 그때 사브리나의 나이는 스물여섯이었다. 우리나라에서 정의 당 류호정 의원이 스물여덟 나이에 국회로 진출한 게 화제가 되었는 데 아프가니스탄에서는 이미 2004년에 스물여섯 살의 여성이 국회 의원에 당선된 것이다. 사브리나는 국회의원이 되기 전부터 여자 농 구를 육성하는 일을 해왔으며, 스포츠를 통해 강한 여성들을 키워야 한다고 주장해왔다.

두 번째 사람은 서른아홉 살의 슈크리아 하크마트라는 사람인데, 아프간에서 여성들이 올림픽에 참가하는 것을 목표로 하는 소위원 회의 부위원장을 맡고 있었다. 슈크리아도 1970년대에 농구를 했으 며, 파키스탄으로 갔다가 2002년에 카불로 돌아왔다. 슈크리아는 운 동을 그만둔 여성들의 집을 찾아다니며 부모나 남편을 설득해 딸이 나 아내가 다시 운동을 할 수 있도록 권유했다. 그런 노력과 함께 여 전히 아프가니스탄에서 여자들이 운동하는 걸 받아들이지 못하는 분위기를 감안해 여성 전용 체육관을 만들고 싶다고 했다.

세 번째 사람은 사피울라 수바트라는 사람으로, 아프가니스탄 교육부에서 체육교육의 최고 담당자로 일하고 있었다. 축구 선수 출신의 사피울라는 여성들이 스포츠를 하는 걸 반대하지는 않지만 점진적으로 이루어내야 할 과제라고 말했다. 축구를 예로 들자면 여성 축구 전용 경기장이 있어야 하고 여자 코치가 지도하는 게 바람직하다고 했다. 여자 선수들이 반바지를 입고 남자 관중들 앞에서 경기하게 되면(당시 여자 선수들은 긴 바지를 입고 머리에는 히잡이나 모자를 착용해야 했다) 당장 반발이 일어나고, 그렇게 되면 아예 여자 스포츠를 금지시키자는 말이 나올 거라는 얘기였다.

아프가니스탄 여자 축구 국가대표팀을 맡고 있는 왈리자드는 자신도 무장한 남자 두 명에게 차에서 끌어내려져 구타당한 경험이 있다고 했다. 탈레반이 물러났다고 해서 여성들의 권리가 온전히 보장받는 건 아니었다. 그런 가운데도 아유브가 아프가니스탄 방문을 마치고 떠나기 직전에 열린 아프가니스탄 청소년 스포츠 교류 여자 축구 대회에는 열다섯 개가 넘는 팀과 200여 명의 선수가 참여했다.

그렇게 서서히 기지개를 켜던 아프가니스탄의 여성 스포츠는 다시 탈레반 정권이 들어선 지금 어떻게 됐을까? 아프가니스탄 여자 축구 국가대표팀 주장이었던 칼리다 포팔은 축구를 했다는 이유로 생명의 위협을 느껴 2016년에 덴마크로 망명했다. 탈레반 치하가 아닌데도 그랬으니, 아프가니스탄에서 여성들이 스포츠를 한다는 게 얼마나 어려우며 강한 용기를 필요로 하는 일이었을까? 탈레반이 돌아온 다음 칼리다 포팔은 외신 기자들을 만나 자국에 있는 여자

축구 선수들을 도와달라고 요청했다. 자신에게 연락해온 선수들은 하나같이 집 안에 갇혀 두려움에 떨고 있으며, 모든 꿈이 사라진 상태에서 눈물만 흘리고 있다는 말을 전했다. 이후 여자 축구 선수들이 이웃 나라의 도움으로 아프가니스탄을 탈출했다는 기사가 나왔다.

> 이슬람 무장 조직 탈레반 집권으로 신변이 위험해진 아프가니스탄 여자 축구, 농구 선수 등 57명이 카타르 도하로 탈출했다고 국제축구연맹(FIFA)이 22일 밝혔다. FIFA는 "카타르의 도움으로 대부분 여성과 어린이들로 구성된 57명이 20일 카타르 항공 전세기 편으로 카타르 도하에 도착했다"고 발표했다.
>
> 이는 지난주 여성 선수들을 포함한 약 100명의 축구 선수와 가족이 아프가니스탄 카불을 떠나 도하로 대피한 이후 두 번째 스포츠 관련자들의 단체 출국이다.(『연합뉴스』, 2021.10.22)

전통적으로 남성과 여성의 스포츠 종목을 분리하려는 경향이 강하다. 하지만 여성들이라고 해서 남성들이 하는 스포츠에 관심이 없을 리 없고, 막을수록 더 해보고 싶은 게 인지상정이다. 아프가니스탄에서도 남성의 전유물이라고 여겨지는 종목에 도전하는 여성들이 많다. 그중에서도 격렬한 투기 종목인 권투에 빠져든 아프가니스탄 여성들이 있다고 하면 놀랄 사람들이 많을 듯하다. 캐나다 감독 아리엘 나스르가 찍은 다큐멘터리 〈카불의 권투 소녀들〉(2012)이 있다.

2012년 제4회 DMZ국제다큐멘터리영화제에서 상영했는데 지금은 구해 보기 힘들다. 올림픽 출전을 목표로 여자 권투 선수들이 가족과 사회의 압력을 견디며 훈련한다는 내용인데, 출전 여부를 떠나 그 자체로 아름다운 도전이지 않았을까?

아프가니스탄 소녀들이 태권도에 빠져든 적도 있었다. 아프가니스탄의 로홀라 닉파이(Rohullah Nicpai)가 2008년 베이징올림픽과 이어진 런던올림픽 때 남자 태권도 종목에서 동메달을 땄다. 비록 동메달이지만 아프가니스탄이 올림픽에서 딴 최초의 메달이라서 아프가니스탄 사람들의 환호가 대단했다. 그걸 계기로 아프가니스탄에 태권도 바람이 불면서 여자들도 태권도 도장으로 몰려들었다. 탈레반이 다시 카불을 점령하기 직전까지 자키아 쿠다디디는 도쿄패럴림픽(장애인올림픽) 여자 태권도 종목에 아프가니스탄 국가대표로 출전할 꿈에 부풀어 있었다. 탈레반에 의해 출국이 막히는 바람에 꿈이 무산되는가 싶었으나 극적으로 탈출한 다음 프랑스를 거쳐 무사히 도쿄에 도착했다. 국제패럴림픽위원회(IPC)와 세계태권도연맹이 물밑에서 쿠다디디 선수의 출전을 위해 많은 애를 썼다. 2021년 9월 2일, 비록 첫 출전에서 우즈베키스탄 선수에게 패하긴 했지만 쿠다디디 선수의 꿈이 이루어진 날이었다.

몇 명 안 되기는 하지만 여자 육상 선수들도 있었다. 아프가니스탄의 여자 육상 선수가 처음 국제대회에 모습을 나타낸 건 2003년 파리에서 열린 세계 육상 선수권대회였다. 파리의 대회조직위원회는 탈레반 정권이 무너진 후 오랜 내전으로 피폐해진 아프가니스탄 사람들에게 재건을 위한 용기와 희망을 주기 위해 여자 선수들을 특별 초청하기로 결정했다. 그 무렵 아프가니스탄에 새롭게 여성 스포츠 클럽이 생기긴 했지만 국제대회에 나갈 만한 선수는 없었다. 고심 끝에 여성 스포츠 클럽에서는 이제 겨우 3개월 동안 육상을 배우러 다니고 있던 카불대학 재학생 리마 아지미를 100미터 대회에 출전시키기로 했다. 3개월이라고는 하지만 일주일에 겨우 한 번씩 연습에 참여할 수 있을 뿐이었는데, 스포츠 클럽에 나오던 유일한 미혼 여성이었다는 게 선발 이유였다. 파리에 도착한 아지미는 하필이면 운동화를 택시에 두고 내렸고, 경기장에선 헐렁한 티셔츠에 검은색 긴 바지, 그리고 조직위가 빌려준 운동화를 신고 트랙에 섰다. 스타팅 블록 사용법도 제대로 몰랐던 아지미의 기록은 18초 37. 1등 선수가 결승 테이프를 끊을 때 아지미는 트랙의 절반도 뛰지 못한 상태였다. 하지만 그날 카메라 세례를 받은 건 1등 선수가 아니라 아지미였다. 세계육상대회 역사상 가장 느린 기록을 달성(?)한 선수에 대해 관중은 물론 기자들도 뜨거운 격려를 보내주었다.

그 후 언론에 등장한 아프가니스탄 여자 육상 선수는 카미야 유수피로, 2016년 리우데자네이루 올림픽과 2020년 도쿄 올림픽에 선수단 기수 겸 100미터 선수로 출전했다. 도쿄 올림픽에서 세운 기록은 13초 29였고, 아프가니스탄 여자 육상 100미터 신기록이다. 아지미의 기록에 비해서는 월등히 나아졌지만 여전히 세계 기록에는 한참 못 미치는 수준이다. 이때도 유수피는 검은색 긴 웃옷과 바지에 히

잡을 착용한 상태였다.

　정식 스포츠 분야는 아니지만 아프가니스탄에서 두 번째로 높은 산인 노샤크봉(7,492m)을 오른 열세 명의 아프가니스탄 여성들이 있다. 그전까지 아프가니스탄에서 등반을 하는 여성은 없었다. 이들이 노샤크봉에 오르게 된 계기가 특별하다. 코란을 태웠다는 누명을 쓰고 마을 사람들에게 맞아 죽은 다음 화형을 당한 스물일곱 살의 여성 파쿤다가 있었다. 소식을 듣고 분노한 여성들이 관을 들고 "우리가 파쿤다다"라고 외치며 파쿤다의 시신을 옮겼다. 아프가니스탄에서는 여자들이 관을 들 수 없도록 되어 있었기에 그 자체만으로도 대단한 사건이었다. 2015년에 일어난 일이었다.

　미국의 비영리단체 어센드가 파쿤다의 죽음에 분노하며 항의했던 여성들을 모아 노샤크봉 등반을 계획했고, 여성 클라이머 단카 길버트가 등반의 기초 훈련을 담당했다. 등반을 통해 여성에게 가해진 억압의 굴레를 벗고 자유로운 여성상을 만들어보자는 의도였다. 고된 훈련과 주변의 따가운 시선, 그리고 등반 중 부상과 악천후, 고산증 등을 겪으며 기어이 노샤크 봉우리에 오른 아프가니스탄의 여성들. 이들의 이야기를 담은 다큐멘터리 〈아프가니스탄을 오르다 : 여성의 외침〉(에릭 오스터홀름, 2018)이 2019년 제4회 울주세계산악영화제에서 상영되었다. 지금은 관람하기 힘들다. 자유에 대한 아프가니스탄 여성들의 갈망과 의지가 얼마나 강렬한지 알 수 있게 해주는 사례다.

두 개의 아프가니스탄 —『파그만의 정원』

사이라 샤는 아프가니스탄을 고향으로 둔 영국 여성이다. 사이라는 어릴 적부터 아버지로부터 아프가니스탄의 신화와 전설, 그리고 자신의 조상이 부족장 신분으로 살았던 파그만에 대한 이야기를 들으며 반드시 그곳에 가서 자신의 눈으로 진실을 확인하고 싶었다. 그래서 대학에 들어가자 페르시아어와 아랍어를 배우고, 혹시 모를 사태에 대비하기 위해 호신술을 익히고 스카이다이빙도 했다. 그러면서 아프가니스탄이 전쟁 중이었기 때문에 저널리스트가 되는 게 아프가니스탄으로 들어가는 데 쉬울 거라 생각했고 아프가니스탄에 관해 나오는 모든 기사들을 읽었다.

아버지에게서 들은 아프가니스탄은 신비로운 땅이었다. 분수에서는 다이아몬드 방울이 솟구쳐서 모자이크로 된 연못으로 떨어지고, 온갖 빛깔의 새들이 과실수에 앉아 노래하는 곳. 고원의 삼면에는 장엄한 산들이 솟아 있고 산꼭대기마다 눈이 덮여 있으며, 경사면은 골짜기로 이어지고 그 아래로 멀리 도시가 반짝이는 곳. 온갖 신화와 전설이 구전되고 현자와 신비주의자들이 사는 곳. 할머니가 전해준 카불의 모습은 또 어떠했나? 봄이면 모든 정원에 온갖 품종 온갖 색깔의 장미 덩굴이 벽을 가득 덮고, 노동자들은 아무리 바빠도 지나칠 때 장미꽃 몇 송이를 따서 귀에 걸고 다녔다고 했다.

그런 이야기들과 함께 파그만에 살았다던 조상들의 이야기도 들었다. 파그만은 카불이 내려다보이는 곳에 있고, 사이라의 조상들은 그곳에서 900년을 살았다. 파그만에 살았던 사이라의 할머니가 죽기 전에 남긴 기록을 통해 사이라는 파그만이 얼마나 아름다운 곳이었는지 상상하곤 했다.

사이라가 열일곱 살 때 파키스탄의 페샤와르에 갈 기회가 생겼다. 파키스탄 군대에서 장군을 지냈던 삼촌의 아들 결혼식에 참석하기 위해서였다. 무려 14일 동안 치러지는 결혼식 잔치에 대한 이야기도 흥미로웠지만, 그보다는 아프가니스탄 사람들의 기질을 알려주는 일화가 인상 깊었다. 사이라가 난민촌에 가보고 싶다고 하자 삼촌이 낡은 토요타 자동차로 데려다주는 장면이 나온다. 삼촌이 자신은 파키스탄인으로 살고 있지만 뼛속 깊이 아프가니스탄인이라는 말을 들려주고 있을 때 맞은편에서 아프가니스탄 파슈툰족 사람들이 탄 트럭이 차선을 무시하며 맹렬하게 달려오고 있었다. 트럭은 달려오면서 길을 비키라고 경적을 울렸으나 삼촌은 "아프간인이 된다는 건 계속 아프간의 기질을 지키면서 사는 거야."라면서 충돌을 각오하고 그대로 달렸다. 충돌 직전에야 상대 트럭이 방향을 틀면서 삼촌과 사이라가 탄 차의 보닛을 살짝 쳤다. 차에서 내린 양쪽 사람들은 서로 친한 친구들을 만난 듯 떠들썩하게 대화를 나누며 상대의 등을 쳤다. 삼촌에 따르면 죽음을 두려워 않는 용기, 그게 아프간인들의 기질이라고 했다.

1986년 9월 드디어 사이라는 기자의 신분으로 다시 페샤와르에 도착했다. 스물한 살 때였다. 거기서 파슈툰족 장군인 자히르 샤의 도움을 받아 아프가니스탄으로 들어갈 수 있었다. 사이라는 자히르 샤와 그의 부하들 호위를 받으며 몇 주간에 걸쳐 고산병이 올 정도로 높고 험준한 산과 계곡을 타고 다녀야 했다. 그렇게 죽을 고생을 하며 산을 타 넘는 동안 힌두쿠시산맥이 왜 힌두쿠시라는 이름을 얻게 됐는지 저절로 깨우쳤다. 쿠시는 '죽이는 자'라는 뜻이었다. 사이라가 그렇게 험난한 길을 통해 아프가니스탄으로 들어갈 수밖에 없었던 건 당시에 무자헤딘이 소련군과 전쟁을 하는 중이었기 때문이다.

중간에 간혹 사람들이 사는 마을에 들르기도 했는데, 그중에는 자신들이 사는 산골짜기 밖에서 전쟁이 일어나고 있다는 사실조차 모르는 채 사는 마을도 있었다. 예상치 못하게 늘어지는 여정에 사이라는 너무 지쳤고 페샤와르로 돌아가기로 한 시간이 기약 없이 미뤄지자 자히르 샤에게 거의 협박에 가까운 말과 행동을 해서 겨우 돌아올 수 있었다. 돌아오는 길 역시 험난하기는 마찬가지여서 반군 세력에게 박격포 세례를 받아 죽을 뻔하기도 했다. 그런 여행 아닌 여행을 통해 관념 속의 아프가니스탄이 아니라 실제 현실로서의 아프가니스탄을 볼 수 있게 된 게 성과라면 성과였다.

페샤와르에 도착한 사이라는 한동안 그곳에 머물며 여러 신문과 잡지에 기사를 썼다. 그러면서 페샤와르에 머물고 있는 온갖 다양한 사람들을 만났다. 선전선동가, 첩자, 마약상, 무기 밀매상, 몽상적인 사회개혁가, 신문기자, 이동 노동자, 정신 이상자 등. 페샤와르에서 마주친 풍경과 아프가니스탄 여행 중에 겪은 일들에 대한 묘사는 치밀하고 생동감이 있다. 그곳에서 사이라는 무자혜딘의 실체를 보았고, 파키스탄이 무자혜딘을 지원하는 조건으로 미국으로부터 엄청난 지원금을 받아 이득을 챙기는 현실도 알게 되었다.

　미국은 무자혜딘에게 소련기를 격추시킬 수 있는 스팅어라는 미사일을 제공했다. 사이라는 스팅어 제공 사실을 취재하기 위해 다시 아프가니스탄 국경 쪽으로 들어가기로 했다. 국경 근처에 도착하자마자 로켓 폭탄 세례가 쏟아졌고, 사이라가 탄 버스에도 불이 붙었다. 부르카를 입은 채 버스에서 내려 간신히 도망치는 바람에 위기를 피할 수는 있었으나 바로 곁에서 터지는 폭탄을 헤치며 달리는 동안 죽음의 공포를 느껴야 했다. 다시 아프가니스탄 쪽을 향해 가는 동안 오사마 빈 라덴이 운영하는 군사기지도 거쳤다. 무사히 무자혜딘 기지에 도착해서 그들이 스팅어를 발사하는 모습을 지켜볼 수 있었다.

　페샤와르로 돌아온 사이라는 기사를 쓰며 보수가 좋은 일을 맡아 계약했고, 집에다 합동 기자 사무실도 열었다. 그러면서 집안일을 도와줄 사람도 여럿 고용했다. 페샤와르는 난민들이 몰려든 곳이지만 그런 난민들 때문에 국제 원조 기금이 쏟아져 들어오고 경제가 돌아가면서 이득을 보는 사람들이 많았다. 사이라는 그런 페샤와르에 대해 이렇게 기록하고 있다.

　　집을 잃은 250만 아프간인을 돕는 50여 개 이상의 국제 원조기구의 본부가 유니버시티 타운 근교의 부촌에 자리 잡고 있었다. 하지만 원조를 받는 난민들은 가로수가 늘어선 대로와 호화로운 주택과 비옥한 정원과 에어컨이 있는 그 오아시스에는 들어가지 못했다.

난민들은 그 지역 경제에 큰 도움이 되었다. 페샤와르는 붐을 이루었다. 지역 장사꾼이나 무기 상인이거나 서구인이라면 누구나 번영했다. 나조차도 그랬다.

전쟁은 누군가에겐 비극이지만 그런 전쟁을 통해 막대한 부를 취하거나 명성을 쌓는 사람들도 있기 마련이다. 난민촌에도 그런 모순이 존재했고, 사이라 자신도 그들 난민 덕분에 돈을 벌면서 국제기자라는 명성까지 얻고 있음을 잘 알고 있었다.

1988년 사이라는 다시 아프가니스탄의 칸다하르로 향했고, 거기서 무자헤딘이 이란에게 스팅어 미사일을 팔아넘겼다는 얘기를 여러 차례 들었다. 페샤와르로 돌아온 사이라는 확실한 정보통을 통해 자신이 들은 소문이 사실이라는 걸 확인하고 기사를 썼다. 무자헤딘 측은 당황했고, 사이라가 미사일을 팔아먹었다고 한 장군 한 명이 사이라를 만나고 싶어 했다. 그는 누가 자신의 이름을 댔는지 밝히라고 요구했고, 라이라가 답변을 거부하자 사이라를 죽이겠다고 했다. 사이라는 그게 말로만 그치는 협박이 아니라는 걸 알았다. 페샤와르에 머물던 서양 사람들 사이에서도 사이라가 소련의 첩자라는 소문이 돌았다. 무자헤딘이 소련과 맞서고 있기 때문에 서양 사람들은 대부분 무자헤딘에 대해 우호적이었다. 사이라는 외출을 삼가면서 잘 때도 베란다에 불을 켜놓고 머리맡에는 권총을 놔두어야 했다. 무자헤딘에 대한 환상을 버렸음은 물론이다.

1989년 드디어 소련군이 철수하면서 사이라는 귀국길에 올랐다. 그리고 1992년 무자헤딘이 카불을 점령했을 때와 1996년 탈레반이 카불을 점령했을 때에 이어 2001년 4월에 사이라는 다시 카불을 찾았다. 탈레반 정권 통치기였고, 그해 9월 11일에 일어난 세계 무역센터 폭파 사건으로 미국이 아프가니스탄을 공격하기 전이었다. 아프가니스탄 여성혁명협회 회원과 함께 불법으로 국경을 넘었고, 체포되면 간첩 혐의로 감옥에 갇히거나 총살을 당할 수도 있었다. 무사히 카불에 입성한 사이라는 아프가니스탄 여성혁명협회가 운영하는 여성들을 위한 비밀 학교와 여성 전용 병원에서 취재했다. 카불 시내는 소련군이 물러난 뒤 몇 년간 이어졌던 내전으로 완전히 파괴된 상태였다. 건물의 반 이상이 파괴되었으며 도시의 기능은 멈추었고 하수구 시스템이 붕괴되어 사람들의 배설물 덩어리가 거리의 웅덩이에 둥둥 떠 있었다. 할머니에게서 들은 장미꽃 핀 담장 같은 건 찾아볼 수 없었다.

사이라는 아프가니스탄에 가기 전까지만 해도 "진짜로 아프가니스탄에 간다면 사실과 신화는 톱니처럼 맞물려 돌아갈 것이고 내 안에서 싸우고 있는 두 개의 자아는 평화를 찾고 나 역시 완전해질 것이라고" 믿었다. 하지만 오랫동안 찾아다녔던 이야기 속의 아프가니스탄은 발견할 수 없었고, 대신 처음 길을 떠날 때는 상상조차 못 했던 뜻밖의 곳에 다다랐다. 그러면서 아버지가 잘랄루딘 루미의 시를 들려주면서 덧붙였던 말을 떠올렸다.

"이야기란 지평선에서 자라는 나무와 같다. 나무를 향해 걷다 보면 너는 곧은 길을 가게 될 것이다. 그러나 네가 그 나무에 다다랐을 때 너는 그 나무를 잊어야 한다. 그리고 더 앞에 있는 다른 지점을 보아야 한다."

미국이 물러나고 탈레반이 다시 카불을 점령한 지금 사이라는 어떤 지점을 보고 있을까? "더 앞에 있는 다른 지점"이 보이기는 하는 걸까? 사이라가 혼자 상상하던 아프가니스탄과 직접 가서 마주친 아프가니스탄이 달랐듯이 우리 역시 국제 뉴스나 인터넷에서만 보는 아프가니스탄은 진짜 아프가니스탄이 아닌지도 모른다. 사이라는 책을 쓰며 루미의 시를 여러 번 인용했다. 그중에는 우리가 잘 아는 '장님 코끼리 만지기' 우화도 있다. 이 우화시는 루미의 대표작으로 유명한 『마스나비』에 실려 있다. 서로 자기가 만진 부분만 가지고 이게 진짜 코끼리라고 우기고 있는 형국과 같은 게 아닐까?

책에는 사이라가 겪은 아프가니스탄의 현실과 아프가니스탄에서 전해오는 신화와 전설이 씨줄과 날줄처럼 얽혀 있다. 그 둘을 종합해내는 건 쉬운 일이 아니지만 전혀 상관없이 분리되어 있는 것도 아니다. 그리고 지금도 서로 다른 두 아프가니스탄이 톱니바퀴처럼 맞물려 돌아가고 있는 중이다.

국회부의장을 지낸 여성 정치인 ─『파지아 쿠피』

일곱 명의 아내를 둔 아버지가 있었고, 그들 사이에 낳은 스물세 명의 아이 중 열아홉 번째로 태어난 딸이 있었다. 둘째 부인의 막내 딸이었다. 그전에 이미 일곱 명의 자식을 낳은 어머니는 여덟 번째로 나온 아이가 딸이라는 걸 알고 안아주지도 않았다. 그렇게 태어난 여자아이가 2004년에 아프가니스탄의 국회의원에 당선됐고, 국회부의장까지 지냈다. 파지아 쿠피(Fawzia Koofi, 1975~), 아프가니스탄에서 대통령으로까지 거론됐던 여성의 이야기다.

파지아 쿠피의 집안은 아프가니스탄 북부 바다흐샨 지역을 대표하는 명문가였으며, 아버지 압둘 라만은 자히르 샤 국왕이 의회제도를 도입했을 때 그 지역에서 국회의원을 지냈다. 그 뒤 무자헤딘이 소련군과 전투를 벌이기 시작하면서 아프가니스탄은 내전 상태로 들어섰다. 당시 아프가니스탄 대통령이었던 아민은 압둘 라만에게 무자헤딘과 협상을 벌여 전쟁을 끝낼 수 있도록 하라고 요구했다. 평화주의자였던 압둘 라만은 전쟁을 끝내기 위해 자신이 협상력을 발휘할 수 있을 거라고 믿었다. 하지만 이런 판단은 너무 순진한 생각이었다. 무자헤딘 지도부를 만나러 갔던 압둘 라만은 총에 맞은 시신이 되어 돌아왔다. 파지아 쿠피가 네 살 때였다.

아버지가 죽은 이후부터 파지아 쿠피의 삶은 고난의 연속이었지만 그래도 어머니의 지지에 힘입어 일곱 살 때부터 학교에 다닐 수 있었다. 파지아는 카불 의대에 입학했으나 탈레반이 카불을 점령하면서 대학이 문을 닫았고, 하미드라는 청년과 결혼식을 올렸다. 아내의 사회활동을 지원해주던 하미드는 탈레반에 잡혀가서 고문받은 다음 폐결핵으로 고생하다 2003년에 사망했고, 둘 사이에 딸 두 명을 얻었다.

탈레반의 영향이 미치지 않는 파이자바드로 옮겨온 파지아는 그곳에서 아이들을 모아 잠시 영어 가르치는 일을 했고, 고아원 관리하는 일을 거쳐 우연한 기회에 구호기관을 위한 의료조사팀에 들어가 오지를 찾아다니며 조사 활동하는 일을 거들었다. 그때 만난 가난한 사람들의 참혹한 풍경이 나중에 파지아를 정치인으로 이끄는 계기가 되었다. 그러던 중 유엔이 아프가니스탄에 유니세프 사무실을 열자 취업 신청을 해서 유엔의 아동보호국 직원이 되었다. 아프가니스탄 유일의 여성 유엔 직원이었다. 그때 이미 두 아이의 엄마가 된 상황이었는데, 육아와 병든 남편의 간호까지 병행하느라 정신없는 나날을 보내야 했지만 업무차 각 지역을 다니며 다양한 네트워크와 인맥을 쌓을 수 있었다.

2001년에 탈레반 축출 후 아프가니스탄에 새로운 정부를 세우기 위한 움직임이 시작되었고, 2004년에 선거를 통해 하미드 카르자이가 대통령으로 선출되었다. 2005년에는 국회를 구성하기 위한 선거가 치러질 예정이었는데, 파지아 집안에서도 한 명을 출마시키자는 얘기가 나왔다. 유서 깊은 정치인 집안의 명성을 이어가자는 거였다. 그때 무자헤딘 지휘관 출신으로 고향인 바다흐샨 지역에서 정치활동을 하고 있던 배다른 오빠가 출마 의사를 비쳤다. 동시에 파지아가 출마 의사를 내놓자 집안 어른들이 몇 주 동안 논쟁을 벌인 뒤 파지아의 손을 들어주었다. 파지아가 지닌 능력을 인정한 결과였다.

파지아가 고향에서 출마 선언을 하자 수백 명의 자원봉사자들이 몰려들어 선거운동을 도왔다. 파지아가 유니세프 아동보호국 직원으로 일하며 도움을 준 사람들이었다. 거기에 아버지가 생전에 쌓아둔 명성도 도움이 되었다. 부정선거 속에서도 파지아는 상대 후보를 눌렀다. 지역마다 두 명씩 여성을 뽑도록 한 여성 할당제가 있어 표가 적어도 당선될 수 있었지만 그런 제도와 상관없이 남성 후보와 맞서 당당하게 표로 이긴 여성 의원이 탄생한 순간이었다. 국회에 입성한 파지아는 거기서 만족하지 않았다. 원 구성을 앞두고 부의장에 도전하자 여기저기서 동료 의원들의 비아냥이 나왔다. 하지만 파지아는 출마를 강행했고 이번에도 보란 듯이 당선됐다.

그때 파지아의 나이가 서른 살이었다는 걸 생각하면, 아프가니스탄처럼 여성의 권리가 취약한 나라에서 어떻게 그런 일이 일어날 수 있었을까 싶기도 하다. 아프가니스탄 관련 책들을 읽다 보면 아프가니스탄 여성들이 매우 강인하고 용감하다는 말을 자주 만나게 된다. 파지아는 그런 아프가니스탄 여성들의 특성을 그대로 이어받았다. 그들은 오랫동안 억눌린 만큼 분출의 계기가 주어지면 언제든 억압을 뚫고 나올 준비가 되어 있었다. 여성이 자신의 목소리를 내는 걸 원하지 않는 아프가니스탄 남자들이 많은 건 분명하지만 여성도 남성과 똑같은 권리를 누려야 한다며 여성들의 사회 진출을 도우려는 남성들도 적지 않다는 것 또한 사실이다. 아프가니스탄 여성들에게 가장 필요하고 시급한 건 교육이다. 파지아가 학교에 가고 싶다고 했을 때 어머니가 적극적으로 나서서 지원해주지 않았다면 파지아 역시 평범한 아프가니스탄 여성으로 살아갔을 것이다. 탈레반 치하에서도 여성들의 교육을 위해 비밀 학교를 열었던 많은 사례가 있다. 언젠가는 아프가니스탄 여성들이 자신들의 잠재력을 마음껏 발휘할 수 있는 날이 오리라 믿는다. 그것도 외부에서 제공하는 힘이 아니라 내부에서 스스로의 힘으로 이뤄낼 수 있을 거라는 희망을 갖게 한다.

파지아의 자서전『파지아 쿠피 : 폭력의 역사를 뚫고 스스로 태양이 된 여인』(2012)은 2010년까지만 다루고 있다. 이후의 삶은 어땠을까? 2019년에 아프가니스탄 정부와 탈레반 사이에 평화협상이 시작됐다. 아프가니스탄 정부를 인정하지 않던 탈레반이 미군 철수를 조건으로 협상에 나선 것이다. 이때 파지아도 협상단에 포함되어 모스크바와 카타르의 도하 등에서 이루어진 세 차례의 회담에 참여했다. 파지아는 자신이 여성이므로 탈레반 측도 대표단에 여성을 포함시켜달라고 요청했으나 탈레반 측은 그럴 의사가 전혀 없었다. 파지아는 협상장에서 평화가 이루어진 이후에 여성의 권리가 축소되는 방향으로 가서는 안 된다는 입장을 전달했다. 탈레반은 여성이 교육받고 직업을 가질 권리를 인정하겠다고 하면서도 그런 행위들이 이슬람 율법 안에서 이루어져야 한다는 점을 강조했다. 하지만 협상이 마무리되기 전에 미국이 철수를 결정했고, 곧바로 탈레반이 카불에 입성했다.

파지아는 국회의원에 출마할 당시부터 여러 차례 테러 위협을 받았는데, 실제로 총격을 받아 죽을 뻔한 위기도 겪었다. 2010년에 국제 여성의 날을 기념하기 위해 낭가하르주에 갔다 돌아오는 길에 총격을 받아 경호원 두 명이 사망했으며, 탈레반과 협상이 진행 중이던 2020년에도 총격을 받아 다친 팔에 붕대를 감고 회담에 나서야 했다. 탈레반이 카불을 점령한 이후 파지아는 카타르를 거쳐 유럽으로 망명했다. 망명 이후 파지아는 유엔을 비롯한 국제사회에 아프가니스탄에 대한 관심과 지원을 호소하고 있다. 탈레반의 이슬람교는 진정한 이슬람이 아니라는 생각을 여러 차례 피력한 파지아는 테러 위협 때문에 망명지에서도 거주지를 공개하지 않고 있다.

파지아는 책 마지막 부분에서 이렇게 썼다.

탈레반이 나를 죽이는 데 성공하지 못한다면? 그럼 혹시 아는가, 내가 미리 닦아놓은 길을 통하여 아프간 최초의 여성 대통령이 탄생할 수 있을지. 어쩌면 그렇게 세계에 유익이 되는 강력한 이슬람 여성 지도자들의 새로운 시대가 열릴지도 모른다.

파지아의 소망은 과연 이루어질 수 있을까? 지금은 희망이 저 멀리 있을지 몰라도 절망 또한 이르다. 아프가니스탄 사람들이 그동안 비극의 역사를 헤쳐온 힘을 믿고 응원해야 하지 않을까? 파지아와 같은 여성들의 목숨 건 투쟁이 충분히 그런 역동성을 보여주었으므로.

다른 여성 정치인들

파지아의 책 속에 말라라이 조야(Malalai Joya, 1979~)라는 여성 정치인에 대한 이야기가 잠깐 나온다. 파지아보다 네 살 어린 조야는 파지아와 같은 해에 국회의원이 되었다. 어릴 적에 이란과 파키스탄에 있는 난민촌으로 들어가 생활했으며 열아홉 살 때부터 여성들의 문맹 퇴치 활동을 한 열정적인 여성이었다. 탈레반이 통치하던 1998년에 아프가니스탄으로 돌아와 고아원과 보건소를 세우고 탈레반에 맞서 자신의 목소리를 내왔다.

국회의원에 당선된 후 탈레반은 물론이거니와 새로 정권을 잡은 무자헤딘 출신 정부 관료와 군벌들에 대해서도 무척 비판적이었으며, 카르자이 정권은 미국의 꼭두각시에 지나지 않는다며 날을 세웠다. 그러다가 2007년에 텔레비전 방송국과 가진 인터뷰에서 몇몇 의원을 동물원이나 마구간에 있는 짐승들과 비교하는 발언을 했고, 그로 인해 동료 의원을 모욕했다는 이유로 의원직을 박탈당했다. 파지아는 자신의 책에서 조야가 의원직을 잃은 걸 안타까워하면서도 지나치게 열정적이었던 게 조야의 실수였다는 견해를 밝혔다. 변화를 위해서는 장기적인 관점에서 바라보며 정부와 동료 의원을 대할 때 비판과 협조를 병행하는 게 필요하다는 생각이었다. 조야가 투사형 정치인이었다면 파지아는 현실주의자에 가까웠다고나 할까?

조야는 한국에 두 번 방문했다. 2006년 광주인권상 수상자로 선정되어 방한했고, 이듬해인 2007년에는 조야의 선거운동 과정을 담은 다큐멘터리 〈행복의 적들〉을 상영하는 서울여성영화제에 맞춰 한국을 찾았다. 필자는 〈행복의 적들〉을 보고 싶었으나 아쉽게도 DVD조차 구할 길이 없어 보지 못했다.

"그들이 나를 죽일 수는 있겠지만 내 목소리까지 죽일 순 없을 겁니다. 왜냐하면 제 목소리는 모든 아프가니스탄 여성들의 목소리가 될 것이니까요. 꽃을 꺾을 수는 있지만, 결코 봄이 오는 것은 막을 수 없는 것처럼 말입니다."

조야가 광주인권상을 받을 때 했던 말이다. 조야는 그 후로도 여성 인권운동가로 활발한 활동을 펼쳤으나 최근의 근황은 구체적으로 알려진 게 없다.

탈레반의 재복귀 후 가니 대통령은 국외로 탈출했지만 여성인 랑기나 하미드 교육부 장관과 자리파 가파리 시장은 카불을 지키고 있다는 보도가 나왔다. 그만큼 두 사람은 아프가니스탄뿐만 아니라 다른 나라에서도 주목받는 여성 정치인이었다. 두 여성은 어떻게 해서 아프가니스탄을 대표하는 정치인이 되었을까?

랑기나 하미디(Rangina Hamidi, 1978~)는 칸다하르 출신으로 1981년에 가족과 함께 파키스탄으로 갔다가 1988년에 다시 미국으로 건너갔다. 미국에서 고등학교와 대학교를 다녔으며, 2003년에 아프가니스탄을 재건하겠다는 마음을 품고 돌아왔다. 그리고 2008년에 칸다하르주 최초로 여성이 소유하고 운영하는 사회적 기업인 칸다하르 트레저(Kandahar Treasure)를 설립했다. 칸다하르 트레저는 의류 및 수공예 직물을 생산하는 기업으로, 400명 이상의 여성에게 지속 가능한 소득을 제공할 만큼 성장했다. 이런 활동을 통해 랑기나는 여성에게 재정에 관한 권한을 부여하는 게 얼마나 중요한지 알려 나갔으며, 더불어 여성의 삶의 근본적인 변화는 교육을 통해서만 올 수 있다는 것도 강조했다. 그리고 2020년에 랑기나는 아프가니스탄에서 여성 최초로 교육부 장관이 되었다. 2021년 7월 런던에서 열린 세계 교육 정상회의 연설에서 랑기나는 탈레반의 복귀를 우려하며 이렇게 말했다.

> "제가 가장 두려워하는 건 1996년으로의 복귀입니다. 말 그대로 소녀들이 학교를 그만두고, 학교가 문을 닫고, 여교사를 집으로 보내고, 모든 분야의 여성 노동자를 집으로 돌려보내는 것입니다."

하지만 랑기나가 우려했던 일은 현실이 되었고, 탈레반은 곧바로 랑기나를 교육부 장관에서 해고한 다음 남성을 새로운 교육부 장관으로 임명했다. 반면 랑기나에 대한 비판도 여러 차례 제기되었는데, 12세 이상의 여학생이 공개 행사에서 노래하는 것을 금지한 정책이 대표적이다. 보수적인 남성 국회의원들을 달래기 위한 것이라는 말도 있었으나 랑기나에 대한 실망감을 높인 것만은 분명하다.

자리파 가파리(Zarifa Ghafari, 1992~)는 아프간의 팍티아주에서 고등학교를 마친 뒤 인도 펀자브대학에서 경제학을 전공했다. 그런 다음 아프가니스탄으로 돌아와 2014년에 여성들을 위한 비영리 시민 단체(NGO)를 설립해 여성 인권운동을 했으며, '어린 소녀'를 의미하는 페흘라(Peghla)라는 FM 라디오 방송국을 만들어 운영했다. 이런 활동들을 인정받아 2018년에 카불에서 24마일 떨어진 마이단 샤르의 최연소 시장에 임명되었다. 이곳은 보수적인 지역인 데다 탈레반의 영향이 미치는 곳이라 임기 첫날에 여성 시장을 반대하는 남자들이 돌과 장대를 들고 몰려와 취임식을 방해했다. 그런 방해 때문에 정식 취임이 9개월이나 미뤄졌고, 안전 문제 때문에 카불에서 출퇴근하며 업무를 봐야 했다. 테러 위협이 이어지면서 몇 차례 공격을 받았으며 결국 가파리 대신 그의 아버지가 총격을 받아 사망했다.

가파리는 시장이 된 이유에 대해 아프가니스탄에 변화가 필요하다는 것을 증명하고 싶다고 했다. 시장이 된 다음 가파리는 그동안 지지부진하던 도시 개발 프로젝트를 추진해서 성사시킴으로써 시의 재정 상태를 개선할 수 있었다. 무엇보다 여성들의 교육과 경제적 권리를 증진시키는 일에 힘을 쏟았으며, 여성들이 생활필수품을 살 수 있는 여성 전용 시장을 만들었다. 지금은 피신해서 독일에 머물고 있다.

아프간의 여성 정치인들을 이야기한 김에 기억해두어야 할 인물 몇 명을 더 소개한다.

아즈라 자파리(Azra Jafari, 1978~)

어릴 적에 이란으로 건너갔으며 그곳에서 잡지 편집장을 하며 아프가니스탄 난민을 위한 초등학교를 설립했다. 아프가니스탄으로 돌아온 뒤 2008년 12월에 다이쿤디주 닐리(Nili)의 시장이 되었다. 시장에 임명되었을 때 그 지역의 종교 지도자가 찾아와 여성은 시장이 될 수 없다며 손가락질했으나 석 달 뒤 다시 찾아와 남자가 당신이 하는 일의 절반만 해도 우리 지역은 번영할 거라고 했을 정도로 인정받았다. 그건 자파리가 발로 뛰며, 마을의 기반 시설 공사를 할 때 직접 삽질을 할 정도로 열성을 보였기 때문이다. 다이쿤디는 하자라족이 많이 사는 곳으로 자파리도 하자라족이다.

마리암 두라니(Maryam Durani, 1987~)

21세 때 칸다하르 주의원으로 선출되었으며, 여성의 권익을 위한 다양한 활동을 펼쳤다. 라디오 방송국을 설립하는가 하면 '칸다하르 여성 네트워크(Kandahar Women's Network)'를 만들고 최초의 여성 전용 인터넷 카페도 개설했다. 이러한 기구와 조직들을 통해 여성들의 인권을 옹호하는 활동을 하고 여성들이 안전하게 서로 연결해서 의사소통을 하도록 도왔다. 가족들의 도움을 받아 비영리 여성 단체 '카디자 쿠브라 여성협회'를 만들어 다양한 프로그램을 실시한 것도 특기할 만하다. 이 협회에서는 여성을 위한 문해력 향상 및 영어 교육과 함께 의류 제작과 판매를 위한 재봉사 센터를 만들기도 했는데, 놀라운 건 여성 전용 헬스장도 만들어 운영했다는 사실이다. 칸다하르는 탈레반이 태동한 곳으로 여성의 사회활동에 대해 어느 곳보다 배타적이고 늘 테러 위협에 시달리는 지역이다. 당연히 마리암도 폭탄 테러를 당한 적이 있으며, 위험을 무릅쓴 활동들이 알려지면서 2012년에 미 국무부가 주는 '용기 있는 국제여성상'을 수상했다.

시마 사마르(Sima Samar, 1957~)

가즈니 지방에서 하자라족으로 태어난 사마르는 카불 의대를 졸업하고 의사가 되었으나 공산 정권 시절에 남편이 정부에 체포되면서 아들을 데리고 파키스탄으로 피신했다. 그곳에서 아프가니스탄 난민들을 치료하는 의료 활동을 하다 2002년에 아프가니스탄으로 돌아와 카르자이가 이끄는 과도정부의 부통령을 맡은 데 이어 여성부 장관이 되었다. 외신과의 인터뷰에서 샤리아법에 대한 의문을 표시한 게 문제가 되어 살해 협박을 받고 사임한 뒤 2004년에는 아프가니스탄의 독립인권위원회 초대 의장이 되었다. 병원과 학교 설립에 많은 힘을 기울였으며, 가와샤드(Gawharshad) 고등교육연구소를 설립해서 사회적 약자와 소외 계층에게 양질의 교육을 제공하도록 했다.

미나 케슈와르 카말(Meena Keshwar Kamal, 1956~1987)

미나는 아프가니스탄의 정치운동가이자 여성 인권운동가였다. 카불대학에 다닐 때 학생운동과 사회운동에 깊이 관여했으며, 1977년에 여성의 평등과 교육을 촉진하기 위해 결성된 아프가니스탄 여성

혁명협회(RAWA)를 설립했다. 라와(RAWA)를 중심 기지로 삼아 여성을 조직하고 교육하는 활동을 펼쳤으며, 소련군과 공산 정권에 반대하는 각종 시위와 집회를 주도했다. 1981년에는 『파얌 이 잔(Payam-e-Zan, 여성의 메시지)』이라는 잡지를 만들어 여성들이 받고 있는 억압의 실체를 폭로하고, 이슬람 근본주의자들의 폭력을 고발하는 데 앞장섰다. 이렇게 여성들의 억눌린 목소리를 대변하는 한편 난민 아동들을 위한 학교 운영, 난민을 위한 병원과 자립을 위한 수공예센터를 만들어 난민 여성들의 삶을 도왔다. 아프가니스탄 국내에서 비밀리에 여성들을 가르치는 지하학교도 운영했다. 그러던 중 1987년에 파키스탄에서 테러범들에 의해 암살당했다. 굵고 짧게 살다 간 30년 인생이었다.

라와는 미나의 죽음 이후에도 계속 활동을 이어갔으며, 탈레반뿐만 아니라 타락한 무자헤딘 지도자들, 미군과 다국적군의 아프가니스탄 점령까지 반대하고 있다. 서로 내세우는 말만 다를 뿐 아프가니스탄 민중과 여성들을 억압하기는 마찬가지라는 입장을 취하고 있으며, 아프가니스탄의 대표적인 여성 정치 지도자들에 대해서도 근본적인 차원의 개혁보다는 타협을 앞세워 자신들의 명예와 정치적 이득에 몰두한다는 비판을 해왔다. 라와의 활동은 아프가니스탄을 넘어 인근 국가의 여성 운동가들에게도 많은 영향을 미쳤다.

미나는 운동가보다는 혁명가에 가까웠다. 미나가 남긴 시에 그런 면모가 두드러진다.

다시는 돌아오지 않을 거야

나는 깨어났던 여자다.
불에 탄 자식들의 잿더미 속에서 나는 일어나 폭풍우가 되었다.
나는 내 형제가 흘린 피의 냇물에서 일어났으며
내 조국의 분노가 내게 힘을 실어주었다.
폐허가 되고 불에 탄 나의 마을들은 적에 대한 증오로 가득 차 있다.
오 동포여, 더 이상 나를 나약하고 무능하다고 여기지 마라.
내 목소리는 수천 명의 여자들과 어울렸고
내 주먹은 수천 명의 동포들의 주먹으로 꽉 쥐어져 있다.
이 모든 고통과 노예의 족쇄를 끊기 위해서다.
나는 깨어났던 여자다.
나는 내 길을 찾았고 다시는 돌아오지 않을 거야.

기억해야 할 아프간의 여성들

"남성과 여성이 평등하다는 것을 모두에게 보여주어야 합니다. 여성은 허용하면 뭔가를 할 수 있습니다. 기회를 주면 스스로를 증명할 수 있습니다."

아프가니스탄의 여성 사업가 로야 마흐부브(Roya Mahboob)가 했던 말이다. 헤라트시에서 태어난 마흐부브는 소련 침공 이후 가족들과 함께 아프가니스탄을 떠나 파키스탄과 이란에서 살아야 했다. 탈레반이 축출된 후 2003년에 아프가니스탄으로 돌아온 마흐부브는 미디어 전문 프랑스 NGO에서 자원봉사를 하며 영어를 배웠다. 그해 말에는 UN 개발 프로그램에서 여성을 대상으로 하는 정보통신기술 과정을 배운 다음 2005년에는 헤라트대학에 입학해 컴퓨터 공학을 전공했다. 또한 베를린으로 건너가 한 학기 동안 컴퓨터 과학 강사를 위한 교육을 받기도 했다. 대학을 졸업한 2009년부터 마흐부브는 헤라트 대학의 IT 책임자로 근무했으며, 이후에는 아프가니스탄의 고등교육부 IT 부서에서 근무했다.

그와 동시에 2010년에는 두 명의 헤라트대학교 동창생과 함께 2만 달러를 투자하여 아프간 시타델 소프트웨어(Afghan Citadel Software Company)라는 회사를 설립했다. 대학을 졸업한 IT 전공자들, 특히 여성을 위한 일자리를 창출하기 위해서였다. 이 회사는 20명 정도의 프로그래머를 고용했는데, 그중 절반 이상이 여성이었다. 소프트웨어 개발에 능력을 발휘하면서 헤라트 병원의 진료 기록을 디지털화하도록 했으며, 헤라트대학에 안정적인 인터넷을 제공하는 데 도움이 되는 기술을 개발해서 제공했다.

아프가니스탄 최초의 IT업체 여성 CEO가 된 마흐부브가 컴퓨터를 접한 건 고향 헤라트에 돌아온 2003년에 처음으로 생긴 PC방에 다니기 시작하면서부터였다. 컴퓨터의 놀라운 기능을 알아차린 마흐부브는 끊임없이 자신의 능력을 개발하는 한편 다른 여성들에게도 같은 기회를 주고 싶었다. 그래서 아프가니스탄 소녀들이 과학기

술을 통해 꿈을 펼치길 바라며 헤라트와 카불 등에서 여학생들을 대상으로 과학 교육 프로그램을 운영했다. 그와 함께 여학생들로만 구성된 로봇 개발팀을 만들었다. '아프간 드리머'라는 이름을 가진 이 그룹은 2017년 미국 워싱턴에서 열린 국제 로봇 경진대회에 참석해서 세계에 이름을 알렸다. 코로나19가 유행하기 시작했을 때는 코로나 환자를 위한 저가의 인공호흡기를 개발해서 보급하기도 했다.

마흐부브는 고등학교에 인터넷 교실을 설치하고 아프가니스탄 및 중앙아시아의 여성들 이야기를 세계에 전달할 수 있는 인터넷 플랫폼을 만들어 운영한 공로 등으로 2013년에 타임지가 선정한 세계에서 가장 영향력 있는 100인에 포함되었다. 그와 함께 2015년에는 세계경제포럼에서 선정한 '젊은 국제 리더(Young Global Leaders)'로 꼽히기도 했다.

하지만 여성들의 힘으로 아프가니스탄을 IT에 기반한 과학기술 강국으로 만들고자 했던 마흐부브의 꿈은 중단될 위기에 처해 있다. 마흐부브는 그동안 여성이 회사를 운영하면서 외국인과 사업을 하고 심지어 운전을 한다는 이유로 협박을 받곤 했다. 그런 협박보다 더 큰 위험이 닥친 건 탈레반의 재집권이었다. 여성의 사회활동이 완전히 막히게 되면서 마흐부브는 자신이 만든 '아프간 드리머' 팀원들과 함께 아프가니스탄을 탈출해야 했다. 카타르로 피신한 팀원 중 일부 학생들은 멕시코로 건너갔으며 그곳에서 학업을 이어가고 있다. 아프가니스탄을 탈출한 마흐부브가 기자회견을 통해 "우리의 꿈이 슬프게 끝나지 않도록 도와달라"고 국제사회에 호소했지만 탈레반 집권 세력은 여성들이 교육받을 기회 자체를 봉쇄하고 있다.

또 한 명 기억해야 할 여성이 있다. 세계에서 가장 용감한 여성 중 한 명으로 뽑히기도 했던 아프가니스탄 최초의 여성 조종사인 닐루파 라흐마니 대위다. 라흐마니는 미 국무부가 수여하는 '2015 국제 용감한 여성상'에서 다른 용감한 여성 9인과 함께 이 상을 받았다.

1992년 카불에서 태어난 라흐마니는 내전을 피해 가족들이 파키스탄으로 이주했다가 2001년에 다시 카불로 돌아왔다. 어렸을 때부터 조종사가 되는 꿈을 키웠던 라흐마니는 18세 때 아프간 공군의 조종사 모집 공고를 보고 자원했다. 비행학교에 들어가기 위해 거의 1년간 영어 공부를 했던 라흐마니는 2010년에 공군 장교 훈련 프로그램에 참여했으며, 2012년 7월에 소위로 졸업했다. 그 후 조종사가 되어 단독 비행을 하기는 했지만 더 큰 항공기를 몰고 싶어 비행학교 고급 과정에 참여했고 마침내 C-208 군 수송기를 몰 수 있게 되었다. 아프가니스탄 여성들 사이에서 최초로 공군 조종사가 된 라흐마니의 인기는 대단했다(그 이전 소련군이 주둔할 때 공군 헬기를 조종한 여성은 있었으나 비행기 조종사는 라흐마니가 처음이었다). 전투화에 카키색 바지, 파일럿용 선글라스를 착용하고 여러 미디어에 등장하기 시작한 라흐마니는 말 그대로 수백만 아프간 여성들의 희망의 상징이 되기에 충분했다. 그런 라흐마니에게 찬사를 보내는 사람들만 있었던 건 아니다. 당연하게도 이슬람 근본주의를 신봉하는 남자들에게 라흐마니는 용납될 수 없는 인물이었다.

이슬람 사회에서 여성들은 가족이 아닌 남성과 접촉하지 못하도록 한다. 크게 다친 남성 환자도 마찬가지이며, 사망자의 장례 운구에도 참여할 수 없다. 하지만 군 수송기를 몰던 라흐마니는 임무 수행 중에 발견한 부상병들을 외면할 수 없어 자신의 수송기로 부상당한 남성 병사들을 병원으로 후송하곤 했다. 그런 사실이 알려지면서 탈레반은 물론이거니와 심지어 부상병의 가족들까지 나서서 라흐마니를 비난했다. 라흐마니의 친척들도 비난 대열에 가세하는가 하면 라흐마니를 포함한 가족들에 대한 살해 위협이 이어졌다. 수시로 집이 공격당하면서 남동생이 총격을 받고 언니는 남편에게 이혼당했다. 아버지는 직장에서 쫓겨났으며, 너무 심하게 협박을 받는 바람에 가족이 모두 인도로 피신해야 할 정도였다.

2016년 미국에서 C-130 수송기 조종 훈련 과정을 마친 라흐마니 대위는 귀국을 얼마 앞두고 망명 요청을 했다. 망명 후 미 공군에서 복무하고자 했으나 받아들여지지 않았으며, 지금은 플로리다에서 여동생과 함께 생활하며 아랍어 통역가로 일하고 있다. 망명 신청 사실이 알려진 뒤 아프가니스탄 정부는 국가를 배신한 무책임한 행동이라며 비난했으나 라흐마니가 만일 아프가니스탄으로 돌아갔으면 생명의 안전을 보장받기 힘든 상태였다. 더구나 지금은 탈레반이 재집권에 성공한 상태라 라흐마니가 다시 고국으로 돌아가 비행기를 조종할 수 있는 기회 자체가 원천봉쇄되어 있는 상태다. 아프가니스탄 최초의 여성 파일럿이었던 라흐마니의 뒤를 이을 용감한 여성이 언제쯤 다시 등장할 수 있을까?

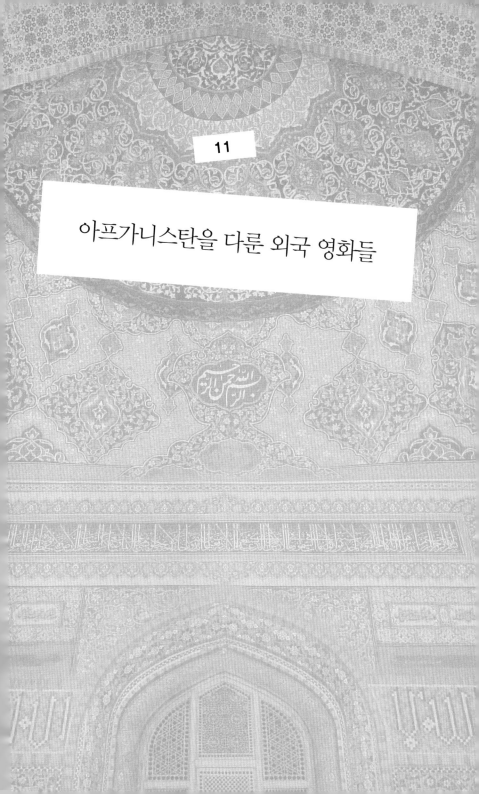

11

아프가니스탄을 다룬 외국 영화들

아프가니스탄을 다룬 외국 영화들

전쟁영화를 만들고자 하는 서양 사람들에게 아프가니스탄은 꽤 매력적인 소재로 다가오곤 한다. 실제로 많은 영화가 만들어지기는 했지만 아프가니스탄 전쟁의 원인이나 역사적 의미, 전쟁으로 인한 아프가니스탄 사람들의 비극적인 삶을 제대로 들여다본 서양 영화는 거의 없다. 그저 흥미로운 소재 거리에 머물거나 전쟁에 참가한 자국 병사들의 희생과 그들의 전우애를 부각시키는 정도의 차원에서 크게 벗어나지 않는다. 아프가니스탄의 험준한 산악 지형은 치열한 전투 신에 필요한 멋진(?) 그림을 제공하기도 한다. 아이러니하게도 아프가니스탄에 직접 들어가서 영화를 찍을 상황이 못 되는 탓에 대부분 지형이 비슷한 다른 나라에서 촬영하긴 했지만. 이런 영화들은 외부자의 시선이 갖는 한계를 인정한다 할지라도 아쉬움과 불편한 마음을 떨치기 힘들다.

흥미만 앞세운 오락영화 — 〈람보 3〉

아프가니스탄을 무대로 삼은 전쟁영화 중에서 흥미만 앞세운 오락영화로는 〈람보 3〉(피터 맥도널드, 1988)을 꼽을 수 있다. 실베스터 스탤론을 앞세운 람보 시리즈는 1편에서 베트남 참전군인의 트라우마를 부각시키며 반전사상을 담기도 했으나 3편에 이르러서는 그냥 람보라는 남성성 가득한 전쟁 영웅의 활약상 외에는 봐줄 게 없다. 그러니 아프가니스탄이 왜 전쟁에 휘말리게 됐는지와 같은 질문이나 문제의식은 아예 담길 여지가 없었다. 소련군과 무자헤딘 사이에 벌어진 전쟁에서 소련군에게 포로로 잡힌 미군 장교를 람보가 구출해 오는 게 주된 내용이다. 줄거리도 엉성한 데다 람보의 활약상이 너무 과장되어 있어 흥행에서도 큰 재미를 보지 못했다.

자국 중심적인 영웅 만들기 — 〈아웃포스트〉

생생한 전투 신이 압권이라고 선전한 작품이지만 〈아웃포스트〉(로드 루리, 2020) 역시 다른 영화들과 마찬가지로 소재주의에서 크게 벗어나지 않는다. 2006년, 아프가니스탄 북부의 산악지대에 미군의 전초기지를 만들어 운영했다. 그런데 이 기지는 사방이 산으로 둘러싸여 있어 방어가 어려운 곳으로 기지가 들어서면 안 되는 곳이었다. 하지만 현지 사정에 어두운 군 수뇌부의 지시로 기지가 만들어졌고, 결국 탈레반의 총공세를 받아 많은 병사들이 죽어가야 했다. 전투 과정에서 부상당한 동료들을 어떻게든 살려내기 위해 애쓰는 전우애를 감동적으로 보여주고 있다지만 전장에서 그런 일은 그다지 드문 게 아니다.

탈레반의 기습으로 커다란 피해를 입었지만 그래도 무사히 기지를 방어했고, 영화 마지막에는 전투에서 전사하고 훈장을 받은 군인들의 이름과 실제 사진을 띄워서 보여준다. 자국 병사들을 사지로 몰아넣은 군 수뇌부의 무능과 과오를 비판하기 위해 만든 영화라고 하는 이들도 있는데, 그렇다 할지라도 자국 중심의 시각에서 바라본 전쟁 영웅 만들기라는 비판을 피해 가기 어렵다.

아프가니스탄 관습법 파슈툰왈리의 의미 ─ 〈론 서바이버〉

2005년, 아프가니스탄에 파견된 미군 대원들은 탈레반 부사령관을 체포하기 위한 작전에 투입된다. 임무 수행을 위해 산비탈에 잠복 중이던 대원들은 우연히 양치기 일행을 만난다. 그들을 그대로 돌려보내면 탈레반 측으로 달려가서 고자질할 게 틀림없다. 그렇다고 죽이자니 무기를 들지 않은 민간인에게 총을 겨누는 건 교전수칙 위반이다. 대원들은 옥신각신 논쟁을 벌인 끝에 그대로 풀어주는 쪽을 택한다. 많은 이들이 이 장면을 두고 자신들의 책무와 윤리 사이에서 갈등하는 모습을 보여준, 그래서 철학적 사유를 밑바탕에 깔고 있는 영화라고도 하지만 내 눈에는 과장된 해석으로 보인다. 어쨌든 양치기 일행 중 동작이 빠른 청년이 마을로 내려가 탈레반에게 정보를 전달하고 그로 인해 대원들은 탈레반 병사들의 추격을 받는다. 대원은 네 명밖에 안 되는 소수 인원이라 피신을 해가며 전투를 벌이게 되고, 그중 세 명이 전사한다. 부상당한 마지막 한 명은 간신히 다른 마을로 피했는데 뜻밖에도 그 마을 사람들이 미군 대원들을 보호하며 추격해 온 탈레반들과 총을 들고 대적한다. 실화를 바탕으로 했다고 하는데, 아프가니스탄 부족의 특별한 풍습이 강한 인상을 주었던 모양이다.

영화 〈론 서바이버〉(피터 버그, 2013)에서는 그런 풍습을 지칭하는 용어가 나오지는 않지만 파슈툰 부족에서 오랜 옛날부터 지켜오는 관습법인 파슈툰왈리에 따른 것이다. 파슈툰왈리 중에 자신의 집이나 마을에 들어온 손님은 반드시 보호해야 한다는 내용이 있다. 대부분의 유목민족이 그런 것처럼 아프가니스탄 사람들은 손님 접대를 매우 중요하게 여기며, 자칫 소홀하게 대접하면 그것을 모욕으로 여겨 개인이나 집단 간에 무력 충돌로 번지기도 한다.

파슈툰왈리는 이슬람교가 등장하기 전부터 내려오던 것으로, 때로는 율법보다 강한 힘으로 작용한다. 파슈툰왈리를 지탱하는 바탕은 명예를 지켜야 한다는 것이다. 꽤 많은 규율이 있는데, 어떠한 일이 있어도 여성을 보호해야 한다는 것도 있다. 그래서 다른 남자가 자신의 아내와 눈만 마주쳐도 칼부림이 나곤 한다. 자신의 아내를 지키지 못하면 그건 명예에 금이 가는 것이고, 그러므로 죽음을 불사하고라도 맞서야 한다는 게 그들의 신념이다. 그런 인식이 강해서 여성들을 억압하고 집 안에 가두며 심하면 매질을 가하는 역설이 발생한다. 영화 〈칸다하르〉의 주인공인 넬로퍼 파지라가 탈레반의 고위층을 만나서 들은 이야기가 있다고 했다. 그의 말에 따르면 여성은 보호받아야 하는 약한 존재이자 동시에 어머니나 아내로서 소중한 존재이며, "여성의 가치는 천 루피짜리 지폐와 같은데, 그것은 너무 귀중해서 바깥 호주머니에 넣고 다니는 대신 셔츠 안에 꽂아두거나 속에 보관한다"고 했다.

파슈툰왈리에는 자치와 평등, 화해와 타협, 공동작업, 약자를 위한 피난처 제공 등 긍정적인 가치를 담은 게 많은데, 그들 말로 바달이라고 부르는 '복수'도 있다. 명예를 훼손한 치욕을 당했으면 반드시 되갚아야 한다는 규율이다.

반복되는 복수는 비극으로 치닫고 — 〈하이에나 로드〉

캐나다 영화인 〈하이에나 로드〉(폴 그로스, 2015)에는 파슈툰왈리의 하나인 바달이 등장한다. 영화는 캐나다군이 칸다하르 지방에 원활한 수송을 위해 '하이에나 로드'라는 도로를 건설하고, 탈레반이 도로를 파괴하는 데서부터 시작한다. 도로를 지키던 부대가 탈레반으로부터 공격을 받아 마을로 도망쳤다가 옛 무자헤딘 지도자였던, 일명 '고스트' 혹은 '사막의 사자'라는 사람에게 도움을 받는다. 파슈툰왈리 덕을 본 것이다. 고스트는 자신의 가족을 돌보기 위해 마을로 돌아와 있는 중이었다. 도로 건설을 방해하면서 잇속을 챙기려는 BDK라는 인물이 고스트의 손녀들을 납치한다. 영화 중간에 이런 대화가 나온다.

"부족의 원칙 중에 바달이란 게 있어. 바달이란 건 말하자면 복수 같은 거지. 눈에는 눈 이에는 이."

"명예 이상의 것이라서 부족의 지도자가 명예를 되찾지 못하면 영원히 떠나야 하죠."

소련군과 싸울 때 BDK는 고스트의 부하였다. 그런데 전투 중 소련군 헬기가 추락하자 BDK는 소련 승무원을 성폭행했고, 그 죗값으로 고스트가 BDK에게 큰 모욕을 주었다. 바달이 반복되는 것이다.

고스트는 바달을 행하기 위해 BDK의 아들을 납치해서 죽이고, BDK가 그런 고스트를 죽이려는 순간 캐나다 정찰대가 BDK를 먼저 죽인다. 고스트는 BDK에게 죽임을 당함으로써 바달의 사슬을 끊으려고 했던 건데, 캐나다 정찰대가 죽음의 위기에 처한 민간인을 살려야 한다며 개입하는 바람에 영화는 비극으로 치닫는다. 결국 BDK의 부하들이 캐나다 정찰대를 공격하면서 정찰대원이 모두 죽는 것으로 마무리되고 만다.

마지막 부분에 이런 내레이션이 나온다.

아프간 사람들은 말한다. 당신들은 시계를 가졌지만 우리는 시간을 가졌다.

이 말은 2011년에 탈레반의 부지휘관 중 한 명인 무자히드 라만이 『뉴스위크』 기자에게 한 말로 알려져 있으며, 영화에 인용되지 않은 뒷부분은 "당신 시계는 배터리가 닳으면 바늘이 멈춰 서겠지만 우리의 투쟁 시계는 멈추는 법이 없다. 결국은 우리가 이긴다."로 이어진다. 그들 말대로 탈레반이 다시 이기긴 했지만 아직 시계가 멈춘 건 아니다. 앞으로 시곗바늘이 어느 쪽으로 돌아갈지는 아무도 모른다.

지뢰밭만큼 혼란한 아프가니스탄 상황 — 〈칸다하르 브레이크〉

지뢰 문제를 다룬 영화 〈칸다하르 브레이크〉(데이빗 휘트니, 2009)는 군인이 아니라 지뢰 제거 기술자를 주인공으로 내세웠다. 시기는 1999년, 영국인 리처드 리는 탈레반의 지방정부와 계약을 맺고 지뢰 제거를 위해 아프가니스탄으로 온다. 전쟁이 어떻게 되든 돈만 벌면 그만인 사람이다. 이들 민간업자들이 하는 지뢰 제거 작업은 민간인을 보호하기 위한 게 아니라 비행기 연료 수송을 위한 도로를 뚫기 위해서다. 지뢰탐지기를 이용해 지뢰를 찾아 제거하는 작업을 하던 중 이런 대화를 나눈다. "하나 제거했군." "네, 이제 48,752개밖에 안 남았네요."

제거 작업에 나섰던 현지인이 지뢰를 밟아 다리 하나가 잘려 나가는 사고를 보여주기도 하지만 정작 영화의 중심축은 지뢰가 아니다. 리처드가 그곳에서 만난 자밀라라는 아프가니스탄 여성과 사랑에 빠지는 바람에 위험에 처하고, 나중에는 동료로부터 배신을 당해 파키스탄으로 탈출하기 직전 총에 맞아 쓰러진다. 그리고 2002년, 탈레반이 무너진 이후 다시 돌아온 리처드가 군인들을 앞세워 자신을 해치려 했던 탈레반 족장을 찾아가 복수하는 것으로 영화는 끝을 맺는다. 스토리 구성과 주제 설정 면에서 여러모로 엉성한 영화인데, 당시 아프가니스탄의 혼란한 상황과 아프간 사람들의 특성을 보여주는 장면들이 있어 그나마 참고할 정도는 된다.

할리우드 코미디로 소비되는 전쟁 ― 〈위스키 탱고 폭스트롯〉

아프가니스탄에 파견된 종군 기자의 이야기를 담은 영화 〈위스키 탱고 폭스트롯〉(글렌 피카라, 존 레쿼, 2016)은 실제 아프가니스탄에서 기자로 활동한 킴 베이커의 회고담을 담은 책 『탈레반 셔플 : 아프가니스탄과 파키스탄에서 보낸 낯선 날들』을 바탕으로 하고 있다. 장르를 코미디물로 분류하고 있기도 한데, 초반에 성관계를 노골적으로 표현한 언어유희와 욕설이 꽤 많이 등장한다. 극의 흥미도를 높이기 위한 설정이라고 생각하면 봐줄 수는 있지만 통렬한 풍자를 대동하는 블랙코미디의 차원까지 나아가지는 못하고 있다. 반면 할리우드 영화의 문법을 상당 부분 따라가고 있다. 여성 특파원 킴 베이커가 바람둥이처럼 보이는 남자 이언 맥켈피와 사랑에 빠지고, 나중에 이언이 납치되자 킴이 미 해병에게 도움을 요청해서 구출한다는 식의 내용 구성이 퍽 익숙하게 다가온다. 더구나 킴이 인터뷰한 미군 병사가 그로 인해 다른 지역으로 전출당하고 그곳에서 폭발물 사고로 두 다리를 잃게 되는데, 죄의식을 느끼고 찾아온 킴에게 당신 잘못이 아니라며 시종 유쾌하고 낙천적인 모습을 보여주는 장면 역시 할리우드식 휴머니즘이라 할 만하다.

영화에서 가장 인상 깊었던 장면은 우물 폭파 사건이었다. 미군이 대민사업의 일환으로 지어준 마을의 우물을 폭파시킨 주범으로 다들 탈레반을 지목하지만, 킴이 마을 여자들을 만나 취재해보니 범인은 마을 여자들이었다. 여자들은 마을 안에 있는 우물보다 마을에서 떨어진 강에 가서 물을 길어 오길 원한다고 했다. 언뜻 생각하면 이해하긴 힘든 일이지만 여자들에 따르면, 강가에 가서 물을 길어 오는 시간이 유일하게 여성들끼리 수다를 떨면서 남자들 흉도 볼 수 있는 기회라고 했다. 그러면서 킴에게 미군들이 우물을 복구하지 말게 해달라고 부탁했다. 현지인들의 상황과 처지, 그들의 편에 서서 생각하는 게 얼마나 어려운지 생각해보게 만드는 일화다.

기자는 사건을 먹고 산다는 말이 있는 것처럼, 킴을 비롯한 다른 특파원도 큰 사건이 일어나길 기다리고 때로는 일부러 사건을 만들기도 한다. 그림이 되는 장면을 찍기 위해 위험을 마다하지 않는 용감한 면도 보여주지만 그건 기자정신이라고 할 만한 것들이고, 아프가니스탄 전쟁에 대해서는 특별한 정보나 새로운 시각을 보여주지 못한다. 애초에 그런 걸 의도하고 찍은 영화가 아닌 만큼 뭐라 할 일이 아니기는 하지만, 전쟁 뉴스가 언론을 통해 어떤 식으로 소비되고 있는지 생각해보게 만드는 효과는 있다.

미군의 전쟁범죄 고발과 한계 ─〈더 킬 팀〉

〈더 킬 팀〉이라는 같은 제목으로 같은 감독(댄 크라우스)이 만든 두 개의 영화가 있다. 2013년에 만든 건 다큐멘터리고, 2019년에 만든 건 극영화다. 감독은 왜 자신이 만든 다큐멘터리를 다시 극영화로 만들었을까? 다큐멘터리는 많은 관객을 만나는 데 한계가 있어 가능하면 더 많은 관객에게 영화 속 메시지를 전하고 싶었던 게 아닐까? 얼마나 심각하고 중요한 사건을 다루었기에 그런 걸까?

2010년 아프가니스탄의 마이완드 지역에서 미군들에 의한 민간인 학살 사건이 벌어졌다. 이 사건 말고도 미군이 저지른 여러 건의 민간인 학살이 있었는데, 오폭이나 오인 사격과는 성격이 근본적으로 달라서 큰 파장을 불러일으키곤 했다. 사건의 주범인 깁스 하사는 이라크전에도 참전한 경력이 있으며, 군인으로서 능력과 신망을 인정받았다. 하지만 그는 자신이 죽인 적군의 수만큼 다리에 해골 문신을 새겼는가 하면, 시신의 손가락뼈로 목걸이를 만들어 차고 다닐 만큼 잔인한 인물이었다. 깁스 하사도 민간인을 죽이는 게 범죄라는 걸 모르지 않았다. 그래서 민간인이 자신들을 공격하려 했기에 정당방위 차원에서 행한 일이라는 식으로 알리바이를 조작했다. 전투 중에 획득한 소련제 수류탄이나 AK 소총을 숨겨 가지고 다니다가 민간인을 죽인 다음 그 옆에 슬쩍 놓아두는 식이었다.

깁스가 오기 전 선임으로 있던 하사가 탈레반에 의해 폭사당한 일 때문에 분노와 슬픔에 빠져 있던 소대원들은 깁스의 살인 행위에 죄의식 없이 동참했다. 영화 제목에 나오는 '킬 팀(kill team)'은 깁스와 동료들을 아우르는 살인 집단을 가리키는 말이다. 그런 가운데 애덤 윈필드 상병은 깁스 하사의 행동에 문제의식을 느껴 자신의 아버지에게 사실을 말했고, 상부에 고발하려 했으나 뜻대로 되지 않았다. 그런 사실을 알게 된 깁스 하사와 동료들은 윈필드 상병을 따돌리며 협박하기 시작했고, 마침내 윈필드까지 자신들의 살인 행위에 가담하도록 만들었다. 이들의 범행은 자신의 숙소에서 대마초 피우는 걸 말리던 병사가 도리어 폭행을 당하자 상부에 신고하면서 발각됐다. 조사 과정에서 대마초 흡입뿐만 아니라 민간인 살해 사실이 드러난 것이다.

다큐멘터리와 영화는 모두 윈필드 상병을 중심으로 전개된다. 괴로움 때문에 악몽에 시달리고 자살까지 생각했던 윈필드는 내부 고발자 신분을 얻지 못하고 군사재판에서 3년 형을 선고받았다. 주모자 깁스 하사는 무기징역, 나머지 가담자들은 24년에서 5년까지 형을 받았다.

아프가니스탄을 다룬 많은 영화들이 전쟁 영웅 만들기나 희생자 서사를 통한 반전사상이 주를 이루는 데 반해 〈더 킬 팀〉은 자신들의 전쟁 범죄를 고발한다는 점에서 차이점을 보인다. 그런 긍정성이 돋보이면서도 민간인을 살해한 병사들에게만 책임을 지우는 선에서 그치고, 지휘관이나 파병을 결정한 수뇌급 정치인들의 책임은 묻지 않는 한계를 드러냈다는 비판을 받기도 했다.

미국의 아프가니스탄 반군 지원 ― 〈찰리 윌슨의 전쟁〉

〈찰리 윌슨의 전쟁〉(마이크 니콜스, 2007)은 CBS 리포터 출신인 조지 크릴이 13년 동안 전 세계를 돌아다니며 수집한 자료들을 바탕으로 만든 동명의 소설을 원작으로 한 영화다.

텍사스의 하원의원 찰리 윌슨은 우연히 텔레비전을 통해 아프가니스탄 사태를 접하고, 소련군에 맞서 싸우는 아프가니스탄 무장 반군 무자헤딘 측에게 비밀리에 무기를 지원해야겠다고 결심한다. CIA와 의회를 상대로 예산 확보를 위한 설득에 들어가는 한편 미국이 직접 개입하면 국제적인 문제가 되므로 파키스탄, 이집트, 이스라엘을 돌아다니며 도움을 요청한다. 미국이 돈을 대면 그들 나라가 무자헤딘 반군에게 무기를 제공하는 형식을 취하기 위함이었다. 이 모든 과정은 비밀리에 진행되었으며, 애초에 500만 달러에 지나지 않던 아프가니스탄 지원 예산을 10억 달러까지 끌어올렸다. 이런 지원은 실제로 소련의 헬기와 전차부대를 무력화시키는 데 유효했다.

그동안 미국이 아프가니스탄 반군을 지원한다는 건 공공연한 비밀이었지만 그런 사실을 공식화한 적은 없는데, 그 배후에 찰리 윌슨이라는 인물의 역할이 있었음을 알려주는 영화다. 영화에서 아프가니스탄 반군에게 무기를 지원하도록 만든 요인으로, 소련군의 침공으로 고통당하는 아프가니스탄 사람들을 구원해야 한다는 인도주의적인 측면과 함께 찰리 윌슨의 애인으로 나오는 조앤 헤링이 설파하는 기독교 중심주의가 다른 축을 형성하고 있다. 하지만 전체적으로는 소련의 국제 영향력 확대에 맞서야 한다는 반공주의가 짙게 깔려 있다. 한편 톰 행크스와 줄리아 로버츠를 주인공으로 내세우고 코믹한 요소를 가미해서 관객의 흥미를 끌고자 했으나 그런 시도가 크게 성공했다고 하기는 어렵다. 무거운 주제를 너무 가볍게 다룸으로써 아프가니스탄 사태의 비극성을 흥밋거리로 삼았다는 비판을 받을 수도 있다.

영화 마지막 장면에서 찰리 윌슨이 전쟁으로 피폐해진 아프가니스탄을 복구하기 위해 우선 학교 재건 기금을 지원해야 한다고 하지만 동유럽 재건을 위한 지원만 해도 힘에 겹다는 이유를 대는 동료 의원들의 반대에 가로막힌다. 영화가 끝나면서 찰리 윌슨의 말이라며 "이건 실화입니다. 그들은 영예스러웠고 세상을 바꿨습니다. 그 뒤 우린 막판에 죽을 쒔죠."라는 내용의 자막이 뜬다. 막판에 죽을 쒔다는 건 무슨 뜻일까? 그 직전에 CIA 요원 거스트는 찰리 윌슨에게 "백서에 의하면 극렬분자들이 칸다하르로 진군한대."라는 말을 했다. 탈레반의 등장을 말하는 대목이다. 실제로 미국은 뒤에서 은밀히 반군을 지원했으면서도 그 후에는 무책임한 태도를 보임으로써 탈레반의 득세를 부추기는 결과를 가져왔다. 미국이 애초부터 아프가니스탄의 운명보다는 소련을 견제하려는 데만 관심을 두고 있었음을 알 수 있다. 아울러 영화에서는 찰리 윌슨이 주도적으로 나서서 CIA의 힘을 빌려 아프가니스탄 반군을 지원한 것으로 나오지만, 실제로는 CIA가 모든 기획을 주도한 다음 찰리 윌슨을 활용한 게 아닐까 하는 의심을 지울 수 없다.

자살 테러와 스포츠 — 〈토르바즈〉

인도 감독이 만든 영화다. 서양 감독들이 아프가니스탄을 바라보는 시각과 인도 감독이 바라보는 시각 사이에는 어떤 차이가 있을까? 기리시 말릭 감독은 아프가니스탄 전쟁의 겉모습 대신 전쟁이 가져온 비극 속으로 깊숙이 들어간다. 영화 〈토르바즈〉(기리시 말릭, 2020)는 소년 자살 테러와 크리켓이라는 스포츠를 매개로 한 상처의 치유를 두 축으로 삼아 전개한다.

크리켓은 13세기경 영국에서 최초로 시작했으며, 야구의 원조 격에 해당하는 스포츠다. 우리에게는 낯선 종목이지만 다양한 국제대회가 열릴 정도로 꽤 많은 나라에서 즐기고 있다. 아프가니스탄에는 파키스탄 난민촌에서 크리켓을 배운 사람들이 들어와 퍼뜨렸으며, 국제대회에서 우승할 정도로 수준 높은 경기력을 자랑한다. 남자뿐만 아니라 여자 국가대표팀도 있었으나 탈레반 재집권 이후 여성들의 스포츠가 재개될 수 있을지 불투명한 상태다.

"전 자살 공격을 할 준비가 됐어요."

영화 첫 장면은 한 소년이 자살 테러를 다짐하는 섬뜩한 장면으로 시작한다. 검문과 경계망을 피하기 위해 어린이를 자살 폭탄에 이용할 정도로 전쟁은 잔인했고, 이교도와 맞서 싸우다 죽으면 천국에 간다는 종교적 신념으로 세뇌당한 어린이들은 기꺼이 자신의 몸을 지하드, 즉 성전에 바쳤다. 토르바즈(Torbaaz)는 '검은 매'라는 뜻이며, 영화 초반에 검은 매가 염소를 낚아채는 장면과 이어서 탈레반 병사들이 자살 폭탄 테러에 이용하기 위해 어린 소년들을 납치하는 장면이 나온다. 이 장면이 영화의 핵심을 그대로 보여준다.

이란 출신 군의관으로 아프가니스탄 전쟁에 참여했던 나세르 칸은 아내와 아이를 아프가니스탄에서 잃는다. 그리고 5년 후 난민촌에 어린이들을 위해 세운 기관 '내일의 희망' 개원식에 참석했다가 난민촌 아이들이 크리켓을 하는 걸 보고 그 아이들을 모아 '토르바즈'라는 이름으로 크리켓팀을 만든다. 팀을 만드는 과정에서 난관에 부딪히는데, 그건 소년들의 처지와 입장이 서로 달라서다. 바즈를 중심으로 한 아이들은 탈레반의 지시를 받고 있다는 의혹을 사고 있으며, 나중에 팀 전력 보강을 위해 데려온 두 명의 소년은 하자라족이라는 이유로 다수를 차지하고 있는 파슈툰족 소년들이 극렬하게 반대한다. 갈등을 겨우 봉합한 다음 전문 코치까지 데려와 훈련시키고, 카불 청소년팀과 경기를 치르는 단계까지 간다. 접전 끝에 토르바즈팀이 이겨서 환호하는 사이 바즈 일행이 사라진 걸 알고 나세르가 찾으러 가자 소년들은 대기실에서 몸에 폭탄을 두르고 있다. 이어서 탈레반이 크리켓 경기장을 공격하면서 아수라장이 되고, 총에 맞은 나세르 칸을 뒤로한 채 바즈는 몸에 폭탄을 두른 채 사람들 속으로 향한다. 그런데 바즈가 택한 테러의 대상은 경기장 한쪽에 있던 탈레반 지휘관 카자르다. 바즈는 카자르를 껴안고 "천국에 혼자 가기 싫어요"라고 외치며 폭탄의 버튼을 누른다.

바즈는 탈레반이 주입한 신념과 크리켓을 하는 동안 나세르 칸이 보내준 마음 사이에서 줄곧 갈등하고 있었다. 나세르 칸이 카자르에게 끌려가 "당신은 당신 기도를 들어달라고 신께 기도하지만 나는 그 아이들의 행복을 위해 기도해. 누구의 기도가 이루어질지 보자."라는 말을 했는데, 나세르 칸의 그런 믿음이 바즈의 마음을 돌려놓은 것이다.

실제로 2017년과 2018년에 아프가니스탄의 크리켓 경기장에서 연달아 폭탄 테러가 발생했다. 영화는 2018년을 시간 배경으로 삼고 있어 바즈와 같은 사례가 단순히 영화가 만들어낸 허구에 머물지 않도록 한다. 영화가 끝난 후 다음과 같은 자막이 화면에 올라온다.

다른 이들의 희망을 위해 바즈는 자신을 희생했다. 아프가니스탄 크리켓팀의 성공은 가장 감동적인 크리켓 실화로 남는다. 이 팀의 여러 선수가 난민에서 국가적 영웅으로 성장하였다. 이 전쟁의 아이들을 도와준 분들과 단체, 크리켓 선수들에게 감사를 표하는 바이다. 다음 세대의 아이들은 부디 총이 아닌 배트와 공을 들기를 희망한다.

전쟁이 젊은이들을 중독으로 몰아간다 ― 〈아르마딜로〉

아프가니스탄 헬만드주의 전진 작전기지 아르마딜로에서 6개월 동안 파병 생활을 하는 덴마크 청년들의 모습을 담은 〈아르마딜로〉(아누스 메츠, 2010)는, 감독이 군의 지원을 받아 6개월 동안 부대

안에 함께 기거하고 전투 현장을 따라다니며 찍은 다큐멘터리라 블록버스터급 전쟁영화처럼 화려하지는 않지만 실제 상황을 다뤘다는 점에서 높이 살 만하다. 파견병들을 환영하는 지휘관이 훈시를 통해 "헬만드에 파견된 자네들의 선임 덕분에 고통 속에 살고 있던 민간인들에게 평화가 찾아왔다."고 말하지만 영화 속 상황을 보면 실제와는 거리가 있다. 기지 주변의 마을 사람들은 주둔군을 좋아하지 않는다. 군인들이 정찰을 나와서 밭이나 망가뜨린다며 불만을 제기하고, 정찰대가 마을 사람들에게 수상한 사람을 보면 신고해달라고 하자 협조해줄 수 없다고 한다. 당신들은 정찰만 하다 가버리면 그만이지만 자신들은 갈 곳이 없고 탈레반을 벗어날 수 없기 때문이란다. 협조했다가는 나중에 그들이 돌아와서 죽일 거라는 마을 주민의 말이 그들의 처지를 그대로 보여준다.

전투가 벌어지지 않는 두어 달 동안 부대원들의 일상은 지루하다. 무기나 손질하고 포르노와 전자오락으로 시간을 보내면서 어쩌다 정찰을 나갔다 오는 게 고작이다. 무슨 일이라도 터졌으면 좋겠다고 생각하던 중 소대장 라스무스가 폭탄에 피격을 당해 부상을 입고 본국으로 후송된다. 연이어 다른 사상자들이 나오고 타 부대원 세 명이 IED(급조 폭발물) 폭발로 전사하면서 부대원들이 "지금 심정이라면 놈들을 아무리 죽여도 죄책감 따위 없을 거야. 개를 죽이는 게 더 슬플걸."이라는 말까지 하게 된다. 작전 중 여자아이가 사망했을 때도 작전 계획대로 하다 발생한 일일 뿐이며, 고의로 그런 게 아니므로 별일 아니라고 합리화한다.

얼마 후 벌어진 전투에서 탈레반 다섯 명을 사살하는 전과를 올린다. 적개심이 강했던 병사들은 부상당한 탈레반에게 다시 총격을 가해서 사살하는가 하면 탈레반의 시체를 함부로 대한다. 그런 사실이 알려지면서 감찰을 받게 되지만 당사자들은 현장을 모르는 사람들이 떠드는 헛소리라며 무시한다. 감독은 특별히 반전사상 같은 걸 내세우지는 않았지만 영화 개봉 이후 덴마크 내에서 파병에 대한 반대 여론이 일기도 했다.

6개월의 파병 생활을 마치고 부대원들은 본국으로 귀대한다. 그리고 귀대한 병사들 중 여러 명이 다시 아프가니스탄으로 가고 싶어 한다는 말을 전하며 마무리를 한다. 전쟁이 젊은 병사들을 어떻게 전쟁 중독으로 이끌어가는지 생각해보게 만드는 영화다. 동시에 나는 이렇게 생각한다. 그 젊은이들이 나쁜 게 아니라 전쟁 자체가 나쁜 거라고. 지금도 아프가니스탄뿐만 아니라 여기저기서 전쟁을 기획하고 있는 자들의 음모를 막아낼 수 있어야 한다고.

아프간 여성이 정치적 망명자로 인정받기까지 ─ 〈세인트 주디〉

실화를 바탕으로 한 영화 〈세인트 주디〉(숀 헤네시, 2018)는 미국에 불법 입국한 아프가니스탄 여성이 수용소에 갇혔다가 이민 전문 여성 변호사인 주디 우드의 도움을 받아 망명자 신분을 얻게 되는 과정을 그렸다.

아프가니스탄 여성 아세파는 탈레반 치하에서 비밀리에 소녀들을 모아 글을 가르쳤다. 그러던 중 하루는 아이들을 데리고 거리로 나갔다가 군중들에게 흙덩이 세례를 받고 곧이어 들이닥친 탈레반 경찰들에게 끌려가 갈비뼈가 부러질 정도로 폭행당했다. 남자를 동반하지 않고 거리로 나왔다는 이유에서였다. 풀려난 아세파는 친구의 도움을 받아 파키스탄으로 피신했다가 미국까지 오게 되었다.

미국의 수용소에 갇힌 아세파는 장기간에 걸쳐 강제로 약물을 복용하고 그로 인해 의사소통이 안 될 정도가 되었다. 변호사 주디의 항의로 약물 복용을 중지하면서 아세파는 법정에서 자신이 아프가니스탄에서 당한 일을 증언하기 시작한다. 하지만 탈레반 경찰들에게 윤간을 당한 사실을 숨긴 데다 아세파를 고발한 게 자신의 아버지였다는 사실이 밝혀지면서 곤경에 처한다. 정치적 박해 때문이 아니라 가족 간의 갈등으로 인한 탈출이 아니냐는 거였다. 두 번째 공판에서 아세파는 자신이 성폭행당한 사실을 밝히면서 그동안 누구에게도 그런 사실을 말하지 않은 건 남자 가족들에게 명예살인을 당할 수 있다는 공포감 때문이었다고 증언한다. 아울러 아버지가 자신을 고발한 건 여자가 공부를 하고 더구나 다른 소녀들에게 글을 가르치는 행위는 신의 뜻에 어긋난다는 이유 때문이었음을 밝힌다. 아세파에게 상당히 호의적이었던 판사는 아세파의 말을 모두 믿으며 강인함에 감동받았다고 하면서도 현행 법률에 의거해서 판결할 수밖에 없다며 망명 신청을 기각했다. 판사는 이유를 이렇게 말했다.

"우리나라 망명법은 여성을 보호가 필요한 계층으로 분류하고 있지 않습니다. 소수민족이나 소수 종교의 신도, 정치적 반체제 인사는 해당되지만 여성은 아닙니다. 단지 여성이라는 이유만으로는 충분하지 않습니다. 당신 같은 케이스는 수천 건이나 있어요."

절대로 포기하지 않는다는 신조를 지닌 주디는 항소심을 준비하며 아세파에게 용기를 불어넣는다. 주디에게 신뢰를 보내며 아세파는 이렇게 말한다.

"혹시 차이점이 뭔지 아시겠어요? 아프가니스탄 감옥에 있을 때랑 이곳 감옥에 있었을 때 말이에요. 거기서 저는 구타당하고 여성성을 빼앗겼지만 여기선 약에 취해 정신을 빼앗겼죠. 몇 년을 허비했고요. 두 나라 다 절 쫓아내려고 했어요. 하지만 미국에서는 제가 맞설수 있어요."

주디는 항소심 법원에서 까다로운 질문을 던지는 재판관들 앞에서 아세파가 정치적 박해를 받은 거나 마찬가지라고 말한다.

"아세파 씨는 단지 여성이라 박해를 받은 게 아닙니다. 자신의 신념 때문에 그들의 표적이 된 겁니다. 그곳 정부에서 발부한 체포 영장에는 그녀가 신을 모독했다고 적혀 있습니다. 탈레반은 이슬람교의 교리를 그릇되게 법에 규정해놨습니다. 경찰은 그 법을 집행한다는 명목으로 그녀를 구타하고 강간했는데, 명예살인이 만연한 지역에서 이런 행위는 사형 선고나 다름없습니다. 아세파 씨는 자신의 행동과 교육, 사랑 그리고 자신의 존재 자체로써 그 법에 반대를 표한 겁니다. 여성이자 어머니의 딸이자 소녀들의 선생님으로서요. 그러므로 아세파 씨는 정치활동가라 볼 수 있습니다."

주디의 변호가 받아들여져 항소심 판사들은 만장일치로 아세파의 망명을 허가했다. 덕분에 비슷한 처지에 있던 여성들 수천 명이 자국으로 송환돼 목숨을 잃을 수도 있는 위기에서 벗어날 수 있었다.

영화는 주디 변호사의 활약에 초점이 맞추어져 있으며, 주변 인물 모두 주디와 아세파를 지지하고 응원하는 모습을 보인다. 앞에서 아세파의 말로 표현된 것처럼 미국이 열린 사회라는 점을 부각한다. 그런 점에서 자국의 체제를 옹호하는 할리우드 영화의 한계가 드러나기도 하지만 기존의 판례를 뒤집은 주디 변호사의 헌신적인 활동과 변호는 값진 일임이 분명하다.

실존 인물 아세파는 그 후 캘리포니아에서 아이들을 가르치는 일을 하게 되었다. 하지만 세계 여러 나라에서 여전히 불안한 신분을 지닌 채 떠도는 아프가니스탄 난민들이 있다는 사실도 잊지 말아야 할 일이다.

내가 가장 안전하다고 느끼는 곳 — 〈나의 집은 어디인가〉

여기 또 한 명의 아프가니스탄 난민이 있다. 아민이라는 이름을 가진 남자로 덴마크에 정착해서 살고 있다. 아민은 어떻게 해서 덴마크까지 오게 되었을까? 이름을 아민이라고 했지만 그게 실제 이름인지는 모른다. 감독이 출연자들의 보호를 위해 일부 이름과 지명을 변경했다고 밝히고 있기 때문이다. 그뿐만 아니라 다큐멘터리 형식을 취하면서도 일부 자료 화면을 제외한 나머지는 애니메이션으로 처리했다. 그래서 애니메이션을 활용한 다큐멘터리라는 독특한 장르가 탄생했다.

영화 〈나의 집은 어디인가〉(요나스 포헤르 라스무센, 2021)는 10대 시절에 처음 아민을 만났던 친구가 아민을 인터뷰하며 아프가니스탄을 떠나 홀로 덴마크에 정착하게 된 과정을 뒤쫓는 방식으로 구성되어 있다. 동시에 게이라는 성 정체성을 지닌 아민의 고뇌를 다루고 있다. 고국을 탈출해서 타국에 정착하는 과정에서 겪는 난민의 고통과 수난사는 많은 영화와 소설에서 이미 다루었던 주제다. 그렇다고 해서 아민 가족이 겪어야 했던 고난이 평범했던 건 아니다. 커다란 범주에서 보면 다 같은 비극이지만 그 비극의 결은 각기 다르기 마련이고, 당사자들에게는 참혹한 기억으로 남아 있을 거였다.

정부군의 공군 비행기 조종사였던 아민의 아버지는 내전이 벌어지는 와중에 끌려가서 행방불명이 되었고, 1989년에 탈레반이 카불을 점령할 때 나머지 식구는 러시아로 가는 비행기를 탔다. 그 무렵 소련 연방이 해체되면서 극심한 경제난이 시작됐고, 아민의 가족은 일찍 스웨덴으로 건너갔던 큰형이 모스크바에 마련해준 거처에서 불법 체류자 신분으로 매우 어려운 생활을 이어가야 했다. 큰형은 자신이 살고 있는 스웨덴으로 식구들을 데려가려 했지만 본인도 청소일을 하며 수입이 변변치 못한 처지인 데다 비자가 없어 정상적인 방식으로는 불가능했다. 간신히 돈을 구해 누나 둘을 먼저 스웨덴으로 밀입국시켰고, 그 뒤에 어머니와 형 그리고 아민이 밀입국을 시도하지만 실패하고 만다. 다시 러시아로 송환되었다가 간신히 돈을 마련해 아민이 혼자 먼저 스웨덴으로 향하는데, 밀입국 업자가 아민에게 최종 목적지에 도착하면 가짜로 만든 러시아 여권을 폐기한 다음 가족이 모두 죽고 혼자 아프가니스탄에서 탈출해 온 것으로 말하도록 시킨다. 가족이 있다면 망명 허락을 받지 못할 거라면서. 그런데 밀입국 업자가 아민을 보낸 곳은 스웨덴이 아니라 덴마크였다. 아민이 가족과 헤어져 혼자 덴마크에서 살게 된 까닭이다.

아민은 인터뷰를 하기 전까지 자신의 가족이 모두 죽었다는 거짓말을 했다. 딱 한 번 옛 애인에게 사실의 일부를 이야기했다가 둘이 심하게 다툰 후 애인이 이런 아민의 약점을 공격하는 바람에 자칫하면 망명이 취소되어 추방당할지도 모른다는 불안에 시달려야 했다. 어린 나이에 혼자서 아는 이 한 명 없고 말도 안 통하는 낯선 곳에서 외로움과 절망에 시달려야 했던 아민. 다행히 잘 극복하고 지금은 학자의 길을 가고 있는 중이다. 남은 건 안정된 상태로 뿌리를 내리는 일이다.

"너에게 '집'이란 어떤 의미인 것 같아?"
"집이 어떤 의미냐고? 내가 가장 안전하다고 느끼는 곳. 그러니까

뭐랄까. 어디로 이동하지 않고 머물러도 된다는 느낌. 임시적이지 않은 곳 같아."

인터뷰를 시작하며 가장 먼저 나온 질문과 대답이다. 처음에는 난민의 입장에서 흔히 들을 수 있는 대답 정도로 이해했다. 그런데 후반부로 가면서 그 이상의 의미를 담고 있다는 생각을 하게 됐다. 아민에게는 남자 애인이 있다. 애인은 집을 얻어 아민과 함께 살고자 하고, 실제로 집을 구하지만 아민은 뭔가 모를 불안에 망설인다. 난민에 성소수자라는 신분이 주는 불안을 이기기 위해 공부에만 매달렸던 아민.

"어린 나이에 다른 나라로 피난을 가게 되면 다른 사람을 믿는 법을 배우기까지 오랜 시간이 걸리지. 단 한순간도 남에게 경계를 늦추지 않아. 늘 그래야만 하지. 심지어 안전한 곳에 있을 때조차도 경계를 늦추지 않아. 무슨 일이 생길 것 같은 기분이 들어."

아민은 가족의 존재마저 숨기고 살아야 했던 일이 다른 사람과 관계 맺는 일에 얼마나 큰 영향을 미치고 자신의 존재를 무너뜨리는지 다른 사람들은 상상하기 힘들 거라고 했다. 인터뷰는 그런 아민이 스스로 뚫고 지나온 과거의 시간을 되돌아보며 자신의 정체성을 찾기 위한 과정이었다. 그렇게 자신의 내부에 숨겨져 있던 모든 걸 드러낸 얼마 뒤 애인 캐스퍼와 결혼하고 시골에 마련해두었던 집에 들어가 함께 살기 시작했다. 아민에게 집은 안정된 거주지이자 게이라는 정체성 때문에 불이익이나 위해를 당하지 않을 만큼 안전한 심리적 공간을 의미했다.

만일 아민이 아프가니스탄에 그대로 머물렀다면 어떻게 되었을까? 질문에 대한 답을 생각해보는 건 부질없는 일일 테고, 아민 같은 처지에 놓인 사람들에게도 안전하고 행복한 삶이 주어져야 한다는 당연한 사실을 상기하는 것으로 충분하지 않을까 싶다.

참고한 자료

도서

다나카 사카이, 『탈레반과 아프가니스탄』, 전략과문화, 2007.

데보라 엘리스, 『브레드위너 : 첫 번째 이야기 - 카불시장의 남장 소녀』, 나무
처럼, 2017.

─────, 『브레드위너 : 두 번째 이야기 - 위험한 여정』, 나무처럼,
2017.

─────, 『브레드위너 : 세 번째 이야기 - 라벤더 들판의 꿈』, 나무처럼,
2017.

─────, 『브레드위너 : 피날레 이야기 - 소녀 파수꾼』, 나무처럼, 2017.

마울라나 젤랄렛딘 루미, 『루미詩抄』, 늘봄, 2014.

모흐센 마흐말바프, 『칸다하르』, 삼인, 2002.

사미라 샤, 『파그만의 정원』, 한겨레신문사, 2004.

수잔 피셔 스테어플스, 『감나무 아래서』, 오즈북스, 2008.

스베틀라나 알렉시예비치, 『아연 소년들』, 문학동네, 2017.

아위스타 아유브, 『내 생에 가장 자유로운 90분』, 샘터, 2011.

아티크 라히미, 『흙과 재』, 동문선, 2002.

─────, 『꿈과 공포의 미로』, 동문선, 2004.

─────, 『인내의 돌』, 현대문학, 2009.

양경규, 『이슬람주의 와하비즘에서 탈레반까지』, 벽너머, 2022.

이주형, 『아프가니스탄, 잃어버린 문명』, 사회평론, 2004.

조재익, 『탈레반은 가고 부르카는 남고』, 다른우리, 2002

파지아 쿠피, 『파지아 쿠피』, 애플북스, 2012.

할레드 호세이니, 『천 개의 찬란한 태양』, 현대문학, 2007.

─────────,『연을 쫓는 아이』, 현대문학, 2010.

─────────,『그리고 산이 울렸다』, 현대문학, 2013.

영화와 다큐멘터리

KBS, 〈아프간으로 간 영화감독〉, 2003.

KBS, 〈아프간 소녀, 소니타의 노래〉, 2015.

글렌 피카라 · 존 레쿼, 〈위스키 탱고 폭스트롯〉, 2016.

기리시 말릭, 〈토르바즈〉, 2020.

노라 투메이, 〈파르바나―아프가니스탄의 눈물〉, 2017.

댄 크라우스, 다큐멘터리 〈더 킬 팀〉, 2013.

─────────, 극영화 〈더 킬 팀〉, 2019.

데비빗 휘트니, 〈칸다하르 브레이크〉, 2009.

로드 루리, 〈아웃포스트〉, 2020.

마이크 니콜스, 〈찰리 윌슨의 전쟁〉, 2007.

마크 포스터, 〈연을 쫓는 아이〉, 2007.

모흐센 마흐말바프, 〈칸다하르〉, 2001.

사흐라 마니, 〈침묵하는 여성들을 위하여〉, 2018.

세디그 바르막, 〈천상의 소녀〉, 2003.

숀 헤네시, 〈세인트 주디〉, 2018.

아티크 라히미, 〈어떤 여인의 고백〉, 2012.

야누스 메츠, 〈아르마딜로〉, 2012.

요나스 포헤르 라스무센, 〈나의 집은 어디인가〉, 2021.

폴 그로스, 〈하이에나 로드〉, 2015.

표도르 본다르추크, 〈제9중대〉, 2005.

피터 맥도널드, 〈람보 3〉, 1988.

피터 버그, 〈론 서바이버〉, 2013.

하나 마흐말바프, 〈학교 가는 길〉, 2007.